Introdução ao Estudo de Fernando Pessoa

Fernando Cabral Martins

Introdução ao Estudo de Fernando Pessoa

Ateliê Editorial

Título original: Introdução ao Estudo de Fernando Pessoa
© 2014, Fernando Cabral Martins e Assírio & Alvim / Grupo Porto Editora
Autor: Fernando Cabral Martins

Direitos reservados e protegidos pela Lei 9.610 de 19 de fevereiro de 1998.
É proibida a reprodução total ou parcial sem autorização, por escrito, da editora.

Dados Internacionais de Catalogação na Publicação (CIP)
(Câmara Brasileira do Livro, SP, Brasil)

Martins, Fernando Cabral
  Introdução ao Estudo de Fernando Pessoa /
Fernando Cabral Martins. – Cotia, SP: Ateliê
Editorial, 2017.

  ISBN: 978-85-7480-753-9
  Bibliografia

  1. Literatura portuguesa   2. Pessoa, Fernando,
1888-1935   3. Pessoa, Fernando, 1888-1935 – História
e crítica   I. Título.

16-04831   CDD-869.09

Índices para catálogo sistemático:
1. Pessoa, Fernando: Literatura portuguesa:
História e crítica   869.09

Direitos reservados à
ATELIÊ EDITORIAL
Estrada da Aldeia de Carapicuíba, 897
06709-300 – Granja Viana – Cotia – SP
Tels.: (11) 4612-9666 / 4702-5915
www.atelie.com.br
contato@atelie.com.br

Printed in Brazil   2017
Foi feito o depósito legal

Sumário

Prefácio 9

I. Modernidade e Modernismo.................... 15

II. A Revolução da Linguagem Poética.............. 25

III. Um Poeta Inglês em Lisboa..................... 31

IV. A Nova Poesia Portuguesa...................... 39

V. Janeiro de 1913: "Abdicação".................... 47

VI. Março de 1913: "Pauis"........................ 53

VII. Agosto de 1913: "Na Floresta do Alheamento"...... 61

VIII. Outubro de 1913: "O Marinheiro"................ 67

IX. O Sensacionismo e a Questão do Autor............ 75

X. Simbolismo e Vanguarda em *Orpheu* 87

XI. O Mestre Caeiro 97

XII. Fernando Pessoa, Interseccionista 111

XIII. Ricardo Reis e a Razão 117

XIV. Álvaro de Campos e a Emoção 123

XV. O Conceito de Intervalo: *The Mad Fiddler* 129

XVI. A Intervenção Social e Política 135

XVII. Os Regressos de Álvaro de Campos 145

XVIII. De *Athena* ao *Livro do Desassossego*............... 153

8 INTRODUÇÃO AO ESTUDO DE FERNANDO PESSOA

XIX. Os Caminhos para o Oculto 167

XX. A Ficção Policial e Filosófica 177

XXI. A Poética do Fingidor: "Autopsicografia" 191

XXII. Sebastianismo e Quinto Império: *Mensagem* 203

XXIII. A História da Heteronímia 217

XXIV. O Sistema dos Heterônimos 231

Cronologia. 243

Bibliografia 251

Índice Onomástico 259

Prefácio

Pessoa publica em periódicos três centenas de poemas soltos e uma centena de textos em prosa de diferentes gêneros, alguns opúsculos em inglês e em português e um livro pequeno de poemas. Este conjunto seria suficiente só por si para o tornar um grande poeta, e até para ter irradiação europeia, que começa logo em 1930 com um artigo e, em 1933, com alguns poemas traduzidos em França por Pierre Hourcade. Mas pode dizer-se que é só com a organização dos seus livros por Gaspar Simões e Luís de Montalvor, a partir de 1942, integrando os textos publicados em vida e acrescentando muitos inéditos, que a obra de Pessoa ganha a dimensão que hoje tem na poesia moderna ocidental.

Ora, o conjunto desses textos inéditos são 91 envelopes guardados numa arca – a que se acrescentam outros cinquenta guardados numa mala e num armário[1]. Este espólio tem sido, ao longo das décadas, uma fonte constante de publicações novas, mas, na sua esmagadora maioria, caracterizam-se por serem apontamentos ou esboços, muitas vezes com lacunas, de conjuntos que

---

1. João Dionísio, *Dicionário de Fernando Pessoa*, pp. 55-58.

ficaram por acabar. Nele se contêm os materiais de uma obra por vir, por escrever, e os resultados de uma reflexão torrencial, múltipla e constante, sobre literatura, arte, história, ciência, filosofia, religião, política.

No entanto, apesar da sua condição de inacabado, esses textos puderam dar origem, por exemplo, ao *Livro do Desassossego*, obra-prima absoluta. Serão esboços, mas contêm virtualidades literárias enormes, que têm sido reveladas ao longo do tempo. Assim, a obra de Pessoa é um desafio colocado à teoria da literatura, tanto como à teoria da edição. A sua escrita problematiza a figura do autor, a natureza do livro, a própria definição do texto literário. E a sua obra tem de ser, em grande parte, reconstruída pelos seus editores, que vêm dando forma fidedigna e plausível aos rascunhos e planos deixados por realizar.

Eis um exemplo típico dos inéditos de Pessoa: o poema manuscrito "Deixo ao Cego e ao Surdo". Tem o número 120-38v do espólio de Pessoa à guarda da Biblioteca Nacional (cota E3), onde se catalogam cerca de trinta mil papéis. É um poema cujas estrofes não têm sequer uma ordem definida, para além de todas as correções e variantes introduzidas. Toma a forma de uma roda de palavras sem princípio nem fim. Para ser um poema, é necessário que um editor, além de lhe decifrar os versos, lhe dê uma sequência às estrofes. Tal edição não é uma passagem a limpo, nem um restauro, dado que não há nada para recuperar, nenhum original propriamente dito. Trata-se de fixar um poema entre gestos múltiplos de escrita e reescrita.

> Deixo ao cego e ao surdo
> A alma com fronteiras,
> Que eu quero sentir tudo
> De todas as maneiras.

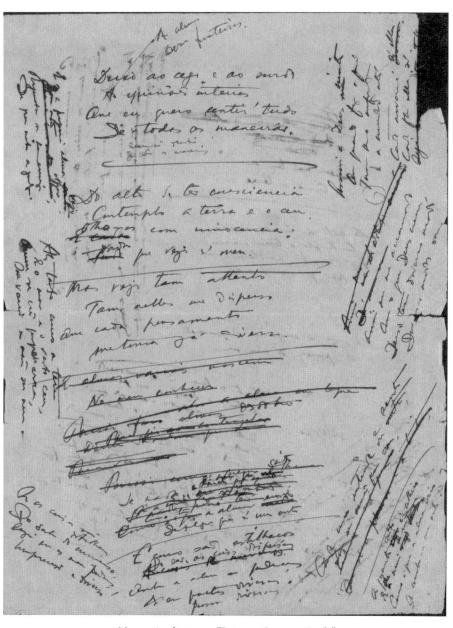

Manuscrito do poema "Deixo ao Cego e ao Surdo".

Do alto de ter consciência
    Contemplo a terra e o céu,
Olho-os com inocência:
Nada que vejo é meu.

Mas vejo tão atento,
    Tão neles me disperso,
Que cada pensamento
    Me torna já diverso.

E como são estilhaços
    Do ser, as coisas dispersas,
Quebro a alma em pedaços
    E em pessoas diversas.

E se a própria alma vejo
    Com outro olhar,
Pergunto se há ensejo
    De por minha a julgar.

Ah, tanto como a terra
    E o mar e o vasto céu,
Quem se crê próprio erra,
    Sou vário e não sou meu.

Se as coisas são estilhaços
    Do saber do universo,
Seja eu os meus pedaços,
    Impreciso e diverso.

Se quanto sinto é alheio
    E de mim sou sentiente,
Como é que a alma veio
    A conceber-se um ente?

Assim eu me acomodo
    Com o que Deus criou,
Deus tem diverso modo,
    Diversos modos sou.

PREFÁCIO

Assim a Deus imito,
Que quando fez o que é
Tirou-lhe o infinito
E a unidade até.

Este é apenas um dos poemas possíveis de ler no manuscrito. A sua fixação não depende só de um trabalho de paleografia, mas também, inevitavelmente, de um ato interpretativo. Acontece, no entanto, que mesmo numa forma não acabada este poema justifica a sua publicação. Mesmo sabendo, por maior que seja o rigor crítico do procedimento, que haverá sempre no poema um elemento variável, uma segunda mão a juntar- -se à do autor, a sua condição textual é essa. Este poema, como tantos outros de Pessoa, é como os *rushes* de um filme antes da montagem final.

Numas notas escritas em 1914 pelo amigo Côrtes-Rodrigues, recolhendo declarações de Pessoa sobre si mesmo, lê-se: "Não tem tortura da forma. [...] A grande tortura é na composição do conjunto"[2]. Afirmação que é um sinal muito claro, desde o primeiro momento, da sua exigência maior, a da elaboração final de livros. E da sua impossibilidade.

Também se pode considerar a importância que tomam para a escrita modernista a vontade de velocidade e de experiência, modo criativo que é designado, nas palavras de James Joyce, como *work in progress*, ou, como no título dos *Cantos* de Ezra Pound, *draft*. Esta caracterização do Modernismo histórico como um *trabalho em curso* ou um *esboço* vai mais fundo que a simples aparência ou constituição dos manuscritos, tem a ver com uma escolha estética. No fundo, trata-se de uma ruptura da organicidade própria das artes clássica e romântica.

2. *Cartas a Armando Côrtes-Rodrigues*, p. 77.

Digamos que os modernistas valorizam o aspecto performativo da obra, mais do que a obra perfeita. O poema liberta-se das constrições formais e parece dissolver-se na página escrita, como se nele se pudesse manifestar o que já lá não está: o acontecer da criação, o próprio ato de escrever.

Esta *Introdução ao Estudo de Fernando Pessoa* pretende oferecer uma panorâmica da sua obra, tal como hoje é conhecida. A extensão e complexidade dela implicam que certos aspectos possam apenas ser referidos de passagem, mas tento aqui desenhar as suas linhas principais, como as diferentes relações entre os autores inventados, ou a importância da História em toda a cena, procurando fundamentar tudo nos textos de Pessoa.

I
Modernidade e Modernismo

1. O que deve ser definido como Modernismo enquanto período identificável da cultura portuguesa é um primeiro problema. São reconhecidos o papel central da revista *Orpheu* nessa definição, e, entre várias outras, as figuras de Fernando Pessoa, Mário de Sá-Carneiro e Almada Negreiros. Mas deverá iniciar-se com o Simbolismo em 1890 e ir até 1940, data em que termina a publicação da *presença*, revista marcante a que estão sobretudo ligados os nomes de José Régio, Gaspar Simões e Casais Monteiro? Ou deverá começar com a segunda série de *A Águia* em 1912 e ir até 1927, data em que é publicado o primeiro número da *presença* – e se dará então início àquilo a que Eduardo Lourenço chama a "contrarrevolução do Modernismo"?[1] Ou começar no princípio dos anos 1910 e continuar até o princípio dos anos 1940, como Fernando Guimarães tende a propor?[2] Ou começar em 1915 e ir até o final dos anos 1960, segundo a visão mais larga de Fernando J. B. Martinho?[3]

1. *"presença* ou a Contrarrevolução do Modernismo Português?"(1960).
2. *O Modernismo Português e a Sua Poética* (1999).
3. "Limites Cronológicos do Modernismo Poético Português"(2004).

16   INTRODUÇÃO AO ESTUDO DE FERNANDO PESSOA

A primeira hipótese de datação do Modernismo português iria no sentido da inclusão do Simbolismo (tal como Bradbury e MacFarlane[4] o fazem para a literatura mundial, balizando o Modernismo entre 1890 a 1930). Mas, de fato, é a não inclusão que parece consensualizada no caso português. Se lermos os títulos *Simbolismo, Modernismo e Vanguardas* (de Fernando Guimarães, 1982), ou *Do Fim de Século ao Modernismo* (vol. VII da *História Crítica da Literatura Portuguesa* dirigida por Carlos Reis, 1995) ou *Do Simbolismo ao Modernismo* (vol. 6 da *História da Literatura Portuguesa* das Publicações Alfa, dirigido por José Carlos Seabra Pereira, 2003), é sempre sublinhada a sua distinção. E, no entanto, 1890 marca, em Portugal, aquela que é a primeira batalha modernista, travada em torno do prefácio de Eugénio de Castro a *Oaristos*. Já aí é celebrada a paixão do Original, com o seu séquito de gestos provocatórios e extravagantes.

2. O uso da palavra Modernismo vai-se instalando a pouco e pouco. No tempo da publicação do *Orpheu* (1915) e do *Portugal Futurista* (1917), a palavra não significava grande coisa. Os primeiros afloramentos históricos importantes da palavra Modernismo são a respeito da pintura, quando em 1915 se realiza no Porto uma Exposição de Humoristas e Modernistas, e em 1916 e 1919, quando há em Lisboa uma II e uma III Exposição dos Modernistas. Depois, em 1921, a apresentação que António Ferro faz da conferência "A Invenção do Dia Claro" já designa por Modernismo a arte de Almada Negreiros, mais a dos três artistas já desaparecidos da sua geração: Mário de Sá-Carneiro, Amadeo de Souza-Cardoso e Santa Rita Pintor. Assim, o termo Modernismo, designando uma poética nova, já está presente no vocabulário culto português quando da publicação da *Contemporânea* em

4. *Modernism 1890-1930* (1976).

1922. No início de 1924, quando o *Diário de Lisboa* apresenta excertos de uma conferência de António Ferro no Brasil, o título que lhe dá é "Os Modernistas". Em 1925, José Régio usa o termo na sua tese de licenciatura *As Correntes e as Individualidades na Moderna Poesia Portuguesa* a respeito da poesia, com a acepção que hoje tem (o que se confirma na publicação em 1941 da *Pequena História da Moderna Poesia Portuguesa*).

Na realidade, José Régio fala em 1925 de um grupo modernista muito particular: primeiro vem "o Mestre" Mário de Sá-Carneiro, depois Fernando Pessoa, logo Almada, e por fim António Ferro e António Botto. Além disso, José Régio assenta a sua explicação na oposição entre uma tendência nacionalista e outra cosmopolita, sendo os modernistas os representantes da tendência cosmopolita e Teixeira de Pascoaes o grande nome da tendência nacionalista.

Almada realiza em 1926 uma conferência, intitulada *Modernismo*, em que propõe um elenco de artistas que é o mesmo da apresentação de António Ferro cinco anos antes, mas acrescenta-lhe os nomes de Fernando Pessoa e Eduardo Viana. E este é que poderá ser o momento decisivo para a definição de um Modernismo português, correspondendo a uma afirmação de grupo e de movimento, com referência precisa ao encontro entre poetas e pintores, e definição de acontecimentos e datas capitais.

O Modernismo, segundo Almada, designa a arte e a literatura em torno de *Orpheu* e da Vanguarda em Portugal. A própria *Contemporânea* que começa em 1922 é por Almada definida, nessa conferência seminal, como uma "repetição sem o fogo sagrado" do momento revolucionário anterior (opinião que é corroborada por Pessoa numa carta a Côrtes-Rodrigues de 1923)[5].

---

5. *Correspondência 1923-1935*, p. 16.

Mais tarde, em 1965, num livro comemorativo de *Orpheu*, Almada escreverá, de modo claro: "O selo do *Orpheu* era a modernidade. Se quiserem, a vanguarda da modernidade. A nossa vanguarda da modernidade". E a seguir: "Toda modernidade nasce vanguarda".

3. É difícil definir o conceito de Modernismo, dado que os traços de sentido entre si se contradizem. Assim, ele é, ao mesmo tempo, caótico e coerente; irracionalista e racionalista; fluido e estático; fragmentário e organizado; aleatório e rigoroso; anárquico e hierárquico[6]. Deverá ainda situar-se o Modernismo na sua relação com a Modernidade. Na sequência de movimentos anteriores, que no século XVIII, com o Iluminismo e a sua ideia de que o pensamento deve transgredir a tradição, já sublinham a necessidade do Novo na arte, a Modernidade é uma categoria cultural e estética definida por Baudelaire em *Le Peintre de la Vie Moderne*, em 1863. Está ancorada na vida urbana e na experiência do efêmero e do anônimo, e tem tudo a ver com a *moda*, quer no sentido simbólico quer no sentido literal do termo. A moda enquanto mudança, a novidade dos modelos, a inovação necessária a cada estação, a cada temporada. Este coeficiente de novo que tem de estar presente em cada produto da atividade humana, desde logo da econômica, tem de estar presente na criação artística em particular, e essa é uma exigência sublinhada pelo espírito da Modernidade. Este continua a ser o espírito que anima a nossa civilização, em pleno século XXI, e o valor do Novo continua, ainda hoje, a estar no centro da elaboração e avaliação críticas e da preocupação artística.

Quanto ao Modernismo, é uma corrente global situada nas primeiras décadas do século XX, caracterizada por uma vontade

---

6. Susan Stanford Friedman, "Definitional Excursions".

de experimentação, alteração ou instabilidade das regras na arte. As Vanguardas históricas, que marcam o Modernismo assim entendido, e constituem o coração desse movimento, são a metamorfose agônica do "espírito novo" (expressão cunhada por Apollinaire), e poderão situar-se entre 1909 e 1929, isto é, entre o primeiro manifesto do Futurismo e a institucionalização do Surrealismo no seu segundo manifesto. No caso português, José-Augusto França situa o Modernismo no arco temporal que vai de *A Confissão de Lúcio*, de Sá-Carneiro, à escrita de *Nome de Guerra*, de Almada, ou seja, entre 1913 e 1925. Mais ano menos ano, parece ser esta a acepção mais adequada e utilizável.

Quanto à Vanguarda portuguesa no sentido estrito, ela é tão intensa quanto rápida. Corre entre 1914, data em que surge a público o Paulismo, e 1917, quando se realiza a Conferência Futurista em Lisboa e o *Portugal Futurista* é publicado.

No período posterior, entre 1927 e 1940, é verdade que há no grupo da revista *presença* uma continuação do Modernismo: não só porque a ele se ligam artistas inspirados pela Vanguarda (Julio, Mário Eloy, Alvarez, António de Navarro, Mário Saa, Manoel de Oliveira), mas também porque oferece todo o reconhecimento crítico aos modernistas, de Raul Leal a Sá-Carneiro. E é na *presença* que Pessoa publica a maior parte dos seus textos entre 1927 e 1934.

De todo o modo, a designação Modernismo, que a *presença* institucionaliza em definitivo, cria um estranho efeito de paralaxe, que é o de tornar o movimento de *Orpheu* um precursor da *presença*, e apresentar o Modernismo como um primeiro passo para esse Segundo Modernismo que a *presença* deveria constituir, sugerindo a ideia de que "é com a revista *presença* que o Modernismo atinge o seu apogeu e segurança"[7]. O que não deixa de ser irônico, de tal modo a sua poética da sinceridade contradiz

---

7. Duarte Pires de Lima, *Breve Ensaio sobre o Modernismo*, 1944.

20   INTRODUÇÃO AO ESTUDO DE FERNANDO PESSOA

a de *Orpheu*, como adiante se verá. Tal contradição assenta numa base programática clara: o Modernismo de *Orpheu* é uma valorização da Vanguarda em que se inspira e em que milita, ao passo que o "Modernismo" da *presença* desvaloriza a Vanguarda como uma exibição de extravagância e futilidade.

4. Também o próprio Modernismo é contraditório. Almada Negreiros, por exemplo, situa-se entre Vanguarda e tradição, entre a busca do original e da origem, do futurista e do primitivo. Conta Almada, num artigo de 1957 sobre Amadeo, que o "grande pacto" da Vanguarda – Amadeo, Santa Rita, Almada – foi proferido no Museu de Arte Antiga perante o *Ecce Homo*, que é uma pintura do Renascimento.

A atração pela Antiguidade acompanha, aliás, a celebração tecnológica da nova urbe. Octavio Paz define a Vanguarda como uma paixão das origens, dando como exemplo o elogio da arte dórica por Le Corbusier[8]. A tradição não desaparece nunca. Aliás, no próprio Cabaret Voltaire, em 1916, que é o templo da antiarte, Tristan Tzara recita poemas de Jules Laforgue – ou seja, de um dos mestres da tradição simbolista que Dada faz explodir.

Assim, associável a um grupo de artistas do período 1912- -1925 – Pessoa, Sá-Carneiro, Raul Leal, Coelho Pacheco, Alfredo Guisado, Côrtes-Rodrigues, Luís de Montalvor, António Ferro, José Pacheco, Almada Negreiros, Santa Rita Pintor, Amadeo de Souza-Cardoso, Eduardo Viana – o Modernismo português tem o selo da Vanguarda, e só se compreende quando colocado nessa perspectiva. Ou, como pode ler-se em Vítor Aguiar e Silva: "entre o Modernismo [...] e as Vanguardas não existe uma fronteira nítida, pois que entre ambos há intersecções, tangências, osmoses"[9]. Assim, Álvaro de Campos pode conviver com Ricardo Reis: por-

---

8. *La Búsqueda del Comienzo*, 1974.
9. "A Constituição da Categoria Periodológica de *Modernismo*", p. 32.

que a arte vanguardista, por mais não orgânica[10] e não tradicional que seja, não exclui, por exemplo, o culto da forma que habita o Modernismo[11].

5. Pode ler-se um texto de Pessoa de 1915, aliás num tom muito próximo de Álvaro de Campos, que tem de notável a preocupação de recusar qualquer designação fixa para *Orpheu*, embora enumere aquelas que teriam eventual cabimento, e o dado curioso de usar o adjetivo "modernista":

> Os Directores do ORPHEU julgam conveniente, para que se evitem erros futuros e más interpretações, esclarecer, com respeito à arte e formas de arte que nessa revista foram praticadas, o seguinte:
> (1) O termo "futurista", que designa uma escola literária e artística possivelmente legítima, mas, em todo o caso, com normas estreitas e perfeitamente definidas, não é aplicável ao conjunto dos artistas de ORPHEU, nem, até, a qualquer deles individualmente, ressalvado o caso do pintor Guilherme de Santa Rita, e lamentáveis episódios de José de Almada-Negreiros.
> (2) Os termos "sensacionista" e "interseccionista", que, com maior razão, se aplicaram aos artistas de ORPHEU, também não têm cabimento. Sensacionista é só Álvaro de Campos; interseccionista foi só Fernando Pessoa, e em uma só colaboração – a "Chuva Oblíqua" em ORPHEU 2.
> (3) O termo "modernista", que por vezes também se aplicou aos artistas de ORPHEU, não lhes pode também ser aplicado, por isso que não tem significação nenhuma, a não ser para designar – porque assim se designou – a nova escola pragmatista e exegética dos Evangelhos, nascida dentro da Igreja Católica, e condenada pelo Papa, por excessivamente tendente a procurar a verdade.
> (4) Os artistas de ORPHEU pertencem cada um à escola da sua individualidade própria, não lhes cabendo portanto, em resumo do que acima se disse, designação alguma coletiva. As designações coletivas só

---

10. Peter Bürger, *Theory of the Avant-Garde*, pp. 55-59.
11. Astradur Eysteinsson, *The Concept of Modernism*, pp. 175-178.

22 INTRODUÇÃO AO ESTUDO DE FERNANDO PESSOA

pertencem aos sindicatos, aos agrupamentos com uma ideia só (que é sempre nenhuma) e a outras modalidades do instinto gregário, vulgar e natural nos cavalos e nos carneiros. [...] NOTA – Como não é possível que dois indivíduos de inteligência e personalidade estejam de acordo, por isso que cada um deles é um, os diretores de ORPHEU assinam ambos esta declaração conjunta com a declaração de "vencidos"[12].

Amadeo de Souza-Cardoso faz em 1916 a sua única exposição em Portugal, primeiro no Porto e depois em Lisboa, o que é celebrado por um manifesto de Almada. Trata-se de um dos mais importantes acontecimentos da Vanguarda em Portugal. Ora, Amadeo de Souza-Cardoso, numa entrevista a *O Dia* de 4 de dezembro, à pergunta: "Pode dizer-nos a que escola de pintura pertence?", responde: "Eu não sigo escola alguma. As escolas morreram. Nós, os novos, só procuramos agora a originalidade. Sou impressionista, cubista, futurista, abstracionista? De tudo um pouco. Mas nada disso forma uma escola". Ora, é isto mesmo o que Pessoa diz no texto citado.

Pelo que será esta a característica principal dos modernistas portugueses (menos Almada e Santa Rita, enquanto membros do fugaz Comitê Futurista de Lisboa, entre 1915 e 1917): em vez de enfileirar num ismo de referência, não fazem senão assumir a mudança dos ismos, a variabilidade das poéticas e a instrumentalidade dos princípios.

De resto, será a variabilidade das poéticas o próprio da heteronímia pessoana, exemplo maior da harmonia dos opostos.

6. De notar que o Modernismo é uma realidade histórica marginal: dos três números de *Orpheu* só dois são publicados (e mal recebidos), e o número único do *Portugal Futurista* é apreen-

---

12. *Pessoa Inédito*, pp. 262-263.

dido pela polícia quinze dias depois de distribuído. Quanto às outras revistas do movimento, como *A Renascença, Exílio* ou *Centauro*, não passam de números únicos.

Quanto aos livros de Sá-Carneiro, são edições de autor de circulação reduzida, e o seu grande livro de versos, *Indícios de Oiro*, terá de esperar por 1937 para ser publicado. A heteronímia de Pessoa só por Álvaro de Campos em 1915 se manifesta, tendo que passar dez anos para se expor, sob a forma de pequenas séries antológicas, na revista *Athena*. O Paulismo é uma anedota para os periódicos. O Interseccionismo aparece apenas no *Orpheu 2* em 1915. O Sensacionismo é tratado num artigo de Pessoa publicado na *Exílio* em 1916, e é citado na capa de uma separata do *Ultimatum* em 1917: "De / Álvaro de Campos / Sensacionista".

Paulismo, Interseccionismo, Sensacionismo e Futurismo, os quatro ismos centrais do Modernismo português, (quase) não existem no seu tempo.

II

A Revolução da Linguagem Poética

1. Nas leituras de língua inglesa de Pessoa, importa sublinhar o caso de Walt Whitman, cuja relevância começa pela invenção do verso livre, novidade composicional que, por sua vez, vai ganhar na poesia de Alberto Caeiro e Álvaro de Campos os primeiros grandes exemplos portugueses. Do mesmo modo, o poeta americano introduz muitos temas que se vão tornar determinantes na Vanguarda, o primeiro dos quais é o canto do homem das cidades modernas.

Outra marca whitmaniana tem a ver com a imagem do poeta. Alguns dos seus versos parecem prefigurar a figura e o estilo do mestre Caeiro, como, por exemplo, "I exist as I am, that is enough" ("Existo como sou, e isso basta"), de *Song of Myself.* É a simpleza quotidiana de um homem comum, que vem substituir o herói romântico. Mas a impessoalidade voluntária do poeta – que é a primeira característica da poética moderna segundo Hugo Friedrich[1] – também aparece formulada com clareza na mesma *Song of Myself,* no final da qual se leem versos em que se prefigura o grande tema pessoano da multiplicidade:

---

1. *Structure de la Poésie Moderne,* pp. 45-47.

Do I contradict myself?
Very well then I contradict myself
(I am large, I contain multitudes)[2].

Álvaro de Campos escreve dezenas de fragmentos de uma *Saudação a Walt Whitman*, e Alberto Caeiro, embora sem o referir, cita versos dele. Assim, podemos dizer que, de algum modo, é a própria diversidade da poesia de Walt Whitman, para além da sua intensidade, que inspira um e outro dos heterônimos. Sendo que o próprio Sensacionismo parece estar já formulado em versos como (mais uma vez de *Song of Myself*): "I do not ask the wounded person how he feels, I myself become the wounded person"[3].

2. A tradição do Simbolismo de língua francesa é também decisiva no tempo da formação de Pessoa. Aquela que foi chamada a revolução da linguagem poética, com Lautréamont e Mallarmé[4], difunde-se por todo o mundo. Assim, os mais fortes poetas do Simbolismo em português, Ângelo de Lima e Camilo Pessanha, são decisivos para a geração modernista, que pela primeira vez os publica com alguma extensão. Há que atentar, em *Orpheu*, nas referências diretas de Pessoa a Maeterlinck a respeito do "drama estático" "O Marinheiro", ou ainda na citação direta de Mallarmé por Luís de Montalvor. Os simbolistas não são nunca aqui "renegados" à maneira futurista (cifrada no manifesto de Marinetti: *Nós Renegamos os Nossos Mestres Simbolistas Últimos Amantes da Lua*, 1915). São, antes, valorizados e integrados, como se não houvesse diferença entre ser simbolista e modernista.

2. "Contradigo-me? / Está bem, então contradigo-me / (Eu sou vasto, contenho multidões)", *The Complete Poems*, p. 123.

3. "Não pergunto à pessoa ferida como se sente, torno-me eu próprio a pessoa ferida", *ibidem*, p. 102.

4. Julia Kristeva, *La Révolution du Langage Poétique*.

Já a geração intermédia, a de Teixeira de Pascoaes e dos saudosistas, tem a ver com um caminho divergente de *Orpheu*.

3. Há um clima de libertação das regras e de atenção à materialidade das palavras que o Simbolismo difunde, a partir de Paris, em torno das figuras de Verlaine e Mallarmé. Esse clima persiste ainda nos anos 1910. Mas, em Portugal, devem distinguir-se dois tipos de simbolistas. O primeiro, que tem em Eugénio de Castro a sua figura central, segue convenções de escrita ornamental, dita *nefelibata*. E com esse Simbolismo o Modernismo pouco tem a ver, a não ser por via da paródia que o Paulismo dele constitui. Pelo contrário, há um Simbolismo de figuras tão singulares como Ângelo de Lima, Camilo Pessanha ou António Nobre que é decisivo para o Modernismo. Nada tem a ver com o culto do raro vocábulo e do estilo rebuscado típicos do Simbolismo que aparece em Coimbra em 1890, e prefere seguir um caminho de inovação radical.

António Nobre diz ser um neogarrettista, logo um neorromântico, mas o que é, na verdade, é um transformador da tradição romântica, que torna fluida e leve, muito ligada a uma enunciação oral e musical. Alguns dos seus poemas tomam mesmo a forma gráfica do texto dramático, reportando falas populares, dos poveiros, dos camponeses, dos estudantes. Por sua vez, em Camilo Pessanha o texto do poema torna-se diálogo, é atravessado por vozes díspares, muitas vezes em contraponto. Sonetos como "Madalena" ou "Vênus" são um conflito de vozes entretecidas, uma de tom positivo outra de tom negativo, uma de esplendor outra de miséria. Em ambos, como no caso extremo de Ângelo de Lima, a construção dos poemas usa redes de símbolos, isto é, de palavras carregadas de sentido no mais alto grau.

Fernando Pessoa ortônimo, Alfredo Guisado, Côrtes-Rodrigues e Luís de Montalvor são os herdeiros por excelência desta tradição simbolista. E hão de permanecer-lhe fiéis. Quando sai em 1934 o livro *Mensagem*, a sua referência é ainda o Simbolismo, pois "mensagem" tem a ver com as palavras, e o livro todo se organiza em torno de um sistema complexo de símbolos, sejam eles elementos da bandeira ou heróis da História.

4. A oposição ao Simbolismo não é menos explícita por parte dos modernistas. Primeiro, pelo próprio Pessoa nos artigos sobre a Nova Poesia Portuguesa, como veremos. Depois, por Almada e Amadeo no curso das suas escolhas artísticas, que começam por estar próximas da tradição simbolista e logo rompem violentamente com ela. Mas talvez o exemplo mais claro venha de Marinetti, que se transforma em 1909, de um nome fulcral do Simbolismo europeu, no líder e motor do Futurismo. Quer dizer: há uma contiguidade entre o Simbolismo e a Vanguarda.

5. Por outro lado, a associação entre Decadentismo (que é o nome que toma o Simbolismo enquanto atitude e comportamento, segundo o exemplo de Verlaine ou Gomes Leal) e Modernismo pode ilustrar-se através da importância que o primeiro reveste para a poesia de Sá-Carneiro. Além disso, Fernando Pessoa ortônimo, e, do mesmo modo, o jovem Álvaro de Campos de *Opiário* em peregrinação "ao oriente do Oriente", também exibem fortes ligações à parafernália da decadência *fim de século*. E até existe um texto de Pessoa que liga a herança decadentista à própria Vanguarda futurista:

> O dinamismo é uma corrente decadente, e o elogio e a apoteose da força, que o caracteriza, é apenas aquela ânsia de sensações fortes, aquele entusiasmo excessivo pela saúde que sempre distinguiu certas espécies de decadentes[5].

5. *Páginas Íntimas*, p. 177.

A REVOLUÇÃO DA LINGUAGEM POÉTICA 29

Assim, o Decadentismo como atitude antiburguesa, moral e politicamente considerada, defende valores que são reconhecidos pelos modernistas portugueses.

6. As grandes alterações poéticas do Modernismo português são, igualmente, fruto da leitura de um grande poeta anterior: Cesário Verde, que na década de 70 do século XIX escreve uma poesia só por raos admirada, e que no início do século XX começa enfim a ser lida por muitos. A sua criação de um tom lírico coloquial, a sua escolha de palavras do vocabulário citadino moderno e de imagens da experiência quotidiana, bem como a sua capacidade para desenhar personagens-tipo, têm um papel decisivo. Essas personagens vêm ocupar o lugar do sujeito, até aí ocupado pelo confessionalismo romântico, e transformam o espaço da subjetividade do poema num drama em que aparecem diferentes "eus", que vão mudando conforme os temas e as situações (o engenheiro em "De Verão", o pedinte em "Humilhações" ou o empregado que passeia "Num Bairro Moderno").

Cesário Verde é referido por Pessoa como o grande precursor do Sensacionismo e o mestre do Mestre Caeiro. Eis como termina um prefácio para a publicação futura da poesia deste último, assinado pelo discípulo Ricardo Reis:

Esta obra inteira é dedicada
por desejo do próprio autor
à memória de
Cesário Verde[6].

Um exemplo que esclarece essa relação: o poema "Manhãs Brumosas", de 1877. Logo a primeira estrofe faz sobrepor duas imagens diferentes (a "marítima" e a "serrana") da mesma mulher, modalizada com uma ironia imperceptível, e que está sin-

6. Alberto Caeiro, *Poesia*, p. 17.

tonizada com as figuras femininas frias e naturais que são típicas da imaginação cesárica:

Aquela, cujo amor me causa alguma pena,
Põe o chapéu ao lado, abre o cabelo à banda,
E com a forte voz cantada com que ordena,
Lembra-me, de manhã, quando nas praias anda,
Por entre o campo e o mar, bucólica, morena,
Uma pastora audaz da religiosa Irlanda.

Ora, esta sobreimpressão de imagens transforma-se numa operação que se pode dizer sensacionista, pois não se limita a descrever uma imagem mas associa cada imagem que vê a outra imagem. Isto é, todos os gestos são coados pelo crivo da sugestão e se transformam noutros, gerando à sua volta um caleidoscópio de sensações que se desencadeiam a partir de outras sensações:

As irlandesas têm soberbos desmazelos!
Ela descobre assim, com lentidões ufanas,
Alta, escorrida, abstrata, os grossos tornozelos;
E como aquelas são marítimas, serranas,
Sugere-me o naufrágio, as músicas, os gelos
E as redes, a manteiga, os queijos, as choupanas.

Há aqui uma prefiguração da poética de Álvaro de Campos e, com a confiança nos sentidos e a atenção às coisas vistas, também da poética de Alberto Caeiro. E a afirmação da qualidade da presença, que valoriza o que é imediato e o que está ao alcance das mãos ou dos olhos.

III

Um Poeta Inglês em Lisboa

1. A cultura inglesa, aprendida ao longo de toda a sua escolaridade na colônia do Natal, no extremo sul da África, marca Pessoa para sempre. Os clássicos como Shakespeare ou Milton, os românticos como Coleridge e seus marinheiros enfeitiçados ou as baladas de Wordsworth ou Shelley ecoarão nos seus versos até o último dia.

A sua excelência como aluno é provada pelo Queen Victoria Memorial Prize, que lhe é atribuído em 1903, entre quase novecentos candidatos, a um ensaio de inglês que faz parte das provas de admissão à Universidade do Cabo. Outro ensaio, que publicou em 1904 no *School Magazine* do liceu de Durban, intitulado "Macaulay", é um curioso estudo sobre um escritor vitoriano menor e a relação deste com o seu contemporâneo Carlyle, cuja qualidade elogia exuberantemente.

A relação de Pessoa com a tradição literária de língua inglesa tem em Shakespeare o seu nome-chave. Ele é o seu modelo e o seu desafio. Define-o como um "deus carnal"[1], o que não é dizer pouco. Esta relação é ainda tornada evidente por um fragmen-

---

1. *Pessoa Inédito*, p. 240.

32 INTRODUÇÃO AO ESTUDO DE FERNANDO PESSOA

to onde a apresentação do seu modo de escrita como fruto de um "temperamento dramático elevado ao máximo" o leva a pôr a hipótese de uma atividade "anormal" do espírito, e, pelas duas razões, a comparar-se a Shakespeare: "Não me custa admitir que eu seja louco, mas exijo que se compreenda que não sou louco diferentemente de Shakespeare [...]"[2].

Há uma forte presença de Shakespeare na tradição lírica do Romantismo, e também na do Simbolismo. Mas, em Pessoa, essa presença é a própria matriz dramática da sua poesia, muitas vezes reiterada.

2. A literatura inglesa, parte da educação de Pessoa, influirá de muitas formas na sua obra futura. Alexander Search será a sua consequência poética mais importante, um poeta inglês com vários projetos esboçados, um dos quais com o título nietzschiano *Death of God*. No entanto, o nome e o poeta assim nomeado apenas surgem em Lisboa, depois de Pessoa regressar em definitivo no ano de 1905. E, nessa altura, aparece com tanta determinação que vai servir para retroassinar poemas antes escritos por um outro poeta inglês, Charles Robert Anon, que corresponde ao primeiro caso forte de heteronímia na escrita de Pessoa.

Este, cujo último nome é a abreviatura inglesa de "anônimo", coexiste durante os anos de Durban com um outro, Horace James Faber, que é ficcionista. Mas já prefigura os futuros atos de intervenção pública de Álvaro de Campos, enviando cartas e poemas mais ou menos provocatórios para *The Natal Mercury*.

Existem outros nomes ingleses de personagens de autores, daquele tempo a que Eduardo Lourenço chamou o "proto--Pessoa"[3]. Por exemplo, cerca de 1903, David Merrick e o seu

2. *Páginas Íntimas*, p. 102.
3. *Poesia e Metafísica*, p. 199.

irmão Lucas, que escrevem fragmentos de poemas, dramas e ensaios, Adolph Moscow, que escreve contos, e um tal Karl P. Effield, que chega a publicar um poema em *The Natal Mercury* em 11 de julho de 1903, "The Miner's Song", sendo aí, por sua vez, apresentado pelo viajante imaginário W. W. Austin. Quanto a um segundo poema que Pessoa publica no mesmo jornal em 1904, é já assinado por Charles Robert Anon[4].

De notar que Karl P. Effield é a primeira de todas as figuras heteronímicas a publicar um poema. E que, mais uma vez, possui traços que lembram Álvaro de Campos, pois é ele próprio um viajante que faz um périplo pelo Oriente e que trabalha como mineiro na Austrália quando escreve esse poema.

No entanto, é a figura de Alexander Search, antes de 1914 e dos heterônimos, a que toma mais importância na obra de Pessoa, pela definição que ganha e pela extensão da sua obra. É o sujeito poético entendido como um efeito de linguagem, e, portanto, um sujeito literário que não coincide com o autor na sua pessoa. Alexander Search é já, um pouco, como um heterônimo, embora lhe falte a autonomia: tem a mesma exata data de nascimento de Pessoa, e até se imprimirá um cartão de visita em 1907 em que figura como sua a morada de Pessoa[5]. É mais o que se chama um *alter ego*, uma metamorfose inglesa de si, uma reconstrução deliberada de si enquanto poeta inglês. É o nome inglês que toma o futuro poeta ortônimo Fernando Pessoa. Títulos pensados para a sua obra são *Documents of Mental Decadence, Mens Insana* e *Delirium*.

Mais tarde, em 1908, Alexander Search integra um grupo literário de que faz parte um francês, Jean Seul, e um português a que chama Pantaleão, ambos autores de sátiras políticas, e um seu irmão, Charles James Search, que é sobretu-

---

4. *Fotobiografia*, p. 48.
5. *Idem*, p. 82.

do tradutor para o inglês de poesia portuguesa, de Camões a Junqueiro. Este projeto, delineado num caderno intitulado *The Transformation Book*[6], mostra a importância de uma organização sistemática das várias figuras que a irreprimível tendência de Pessoa para a invenção de heterônimos vai criando desde sempre.

3. Alexander Search trabalha os temas básicos da heteronímia por haver. O próprio nome "Search" significa com precisão extrema esse momento de "busca" de um caminho – que será encontrado apenas em 1914.

Um desses temas é o da dúvida, a que se refere como a sua fé essencial. Escreve Alexander Search em *Mania of Doubt*, de 1907[7]:

How false is truth? How much doth seem
Since dreams are all and all's a dream.

[É falsa a verdade? Qual o seu aparentar
Já que tudo são sonhos e tudo é sonhar?]

E escreve esta quadra de qualidade epigramática única em 1909, sob o título *Trifles (Ninharias)*[8]:

They wear no real greatness who have faith
In God, or Matter, in Life's In or Out.
Only perpetual doubt is truly great,
And the pain of perpetual doubt.

[Não há verdadeira grandeza nos que têm fé
Em Deus, Matéria ou Vida Interior e Exterior.

---

6. De que existe uma edição crítico-genética completa publicada em 2014, preparada por Nuno Ribeiro e Cláudia Souza.

7. *Poesia*, pp. 116-117 (trad. Luísa Freire).

8. *Idem*, pp. 266-267.

Só a dúvida perpétua é realmente grande
E, da dúvida perpétua, a sua dor.]

Ainda em 1910, Pessoa volta a tratar este tema preciso:

Toda a constituição do meu espírito é de hesitação e de dúvida. Para mim, nada é nem pode ser positivo; todas as coisas oscilam em torno de mim, e eu com elas, incerto para mim próprio. Tudo para mim é incoerência e mutação. Tudo é mistério, e tudo é prenhe de significado. Todas as coisas são "desconhecidas", símbolos do Desconhecido. O resultado é horror, mistério, um medo por demais inteligente. [...] Os meus escritos, todos eles ficaram por acabar; sempre se interpunham novos pensamentos, extraordinárias, inexpulsáveis associações de ideias cujo termo era o infinito[9].

Pelo que esta constituição "de hesitação e de dúvida" tem a consequência literária principal de uma dificuldade intransponível de acabar "os meus escritos".

Vemos então as duas vertentes deste tema central: a dúvida instalada no cerne do conhecimento, por um lado; e o inacabamento da escrita, por outro. Assim se prepara a construção dos heterônimos em 1914, sistema que vem oferecer uma cena propícia à manifestação dessa "dúvida perpétua" de Search e, ainda, uma promessa de sistematicidade e organização.

Uma outra consequência poética desse tema se impõe, que promete o desamparo para o homem e o sublime para o artista (num texto de Pessoa datável de 1914):

[...] eu não tenho princípios. Hoje defendo uma coisa, amanhã outra. Mas não creio no que defendo hoje, nem amanhã terei fé no que defenderei. Brincar com as ideias e os sentimentos pareceu-me sempre o destino supremamente belo. Tento realizá-lo quanto posso[10].

9. *Páginas Íntimas*, p. 18 (trad. Jorge Rosa).
10. *Idem*, pp. 64-65.

INTRODUÇÃO AO ESTUDO DE FERNANDO PESSOA

Mais, num texto em torno do Sensacionismo, lê-se:

A vida não concorda consigo própria porque morre. O paradoxo
é a fórmula típica da Natureza. Por isso toda a verdade tem uma forma
paradoxal[11].

Um ponto importante é exposto no projeto de um panfleto
em forma de carta aberta que se intitularia *Carta a um Monárquico*, em 1913:

Pela minha parte, ofereço-lhes o meu auxílio. Sou um pobre recor-
tador de paradoxos, mas possuo a qualidade de arranjar argumentos
para defender todas as teorias, mesmo as mais absurdas, e é esta a última
habilitação com que me recomendo[12].

Aqui poderemos, finalmente, reencontrar a ideia central de
Alexander Search no coração dos artigos sobre *A Nova Poesia
Portuguesa* em 1912:

Tão verdade é dizer que a matéria e o espírito existem como
que não existem, porque existem e não existem ao mesmo tempo. A
suprema verdade que se pode dizer de uma coisa é que ela é e não é
ao mesmo tempo[13].

4. De referir a controvérsia sobre a autoria das peças atri-
buídas a Shakespeare, pela importância que toma na época de
Pessoa e pelo lugar que ocupa na sua própria reflexão sobre o
nome do autor e a despersonalização. Sobretudo nos primeiros
anos da década de 1910 – os anos miraculosos em que se constrói
a sua obra de maturidade – a discussão sobre a impossibilidade
de William Shakespeare ser William Shakespeare é uma tônica

11. *Páginas Íntimas*, p. 208.
12. *Correspondência 1905-1922*, p. 420.
13. *Crítica*, p. 60.

do trabalho de Pessoa. Um exemplo é o escrito (fragmentário) desses anos, intitulado *William Shakespeare, Pseudônimo*, que revela um profundo conhecimento dos dados do problema e da discussão entretanto travada. Nele se lê:

> Se tudo nos leva a descrer que houvesse identidade entre o ator e o autor daquele modo homônimos, nada nos leva a crer num outro, num qualquer, William Shakespeare real e poeta[14].

Isto é, há uma não coincidência essencial que tem como resultado que o nome do autor tenha de ser, necessariamente, um pseudônimo.

Esta conclusão, a de que o próprio nome do dramaturgo maior da tradição moderna pode ser ele mesmo uma ilusão teatral, eis o que não deve ter deixado de provocar e inspirar uma reflexão que se formava, nesse mesmo instante, sobre a hipótese do que haveria de se chamar *heterônimo*. Ou, se se preferir, essa discussão sugere que a tendência já antiga no próprio Pessoa de assinar com pseudônimos tem uma raiz tão prestigiosa como a do próprio grande nome do seu panteão pessoal.

5. As grandes produções de Fernando Pessoa em inglês ocorrem entre 1917 e 1921: os sonetos e uma primeira versão de "Antinous" que edita em 1918, os poemas longos "Antinous" (segunda versão) e "Epithalamium" que serão publicados em 1921. Antes disso, temos que contar *The Mad Fiddler*, de 1917, livro que atinge então a sua forma completa e que ele propõe para publicação. E são apenas dois os livros que Pessoa completa: *The Mad Fiddler* e *Mensagem*. Assim, a produção em inglês dessa época tem a característica, rara em Pessoa, da determinação em publicar. Aparece várias vezes, durante a dé-

---

14. *Escritos sobre Gênio e Loucura*, p. 348.

cada de 1910, marcada pela invenção da heteronímia e pela publicação de *Orpheu*, uma ideia definida, e que é a de tentar uma carreira inglesa como poeta. Não tem sucesso. Pelo que, a partir de 1921, a produção de poesia inglesa abrandará de forma sensível.

IV
A Nova Poesia Portuguesa

1. A aparição pública de Pessoa dá-se em abril de 1912 na revista *A Águia*, com o artigo "A Nova Poesia Portuguesa Sociologicamente Considerada", primeiro de uma curta série. Nele pode ler-se esta frase:

> Ousemos concluir isto, onde o raciocínio excede o sonho: que a atual corrente literária portuguesa é completa e absolutamente o princípio de uma grande corrente literária, das que precedem as grandes épocas criadoras das grandes nações de quem a civilização é filha[1].

Ou seja, Pessoa faz a demonstração, na revista dirigida por Teixeira de Pascoaes, de que a Nova Poesia Portuguesa não é ainda a grande poesia por vir, e que o mesmo Teixeira de Pascoaes – apesar das suas "intuições proféticas" – não é ainda o grande poeta português que se anuncia, aquele que há de vir a ser o "supra-Camões". E, portanto, que ainda está por ocorrer o conjunto de acontecimentos que revolucionarão a escrita poética e contribuirão poderosamente para a transformação da arte e da cultura portuguesas. E o fato é que o Paulismo, o Inter-

---

1. *Crítica*, p. 16.

seccionismo e o Sensacionismo aparecem em rápida sequência no ano seguinte, 1913, e que em 1914 surgem os heterônimos. O anúncio de 1912 parece, pois, vir a ser cumprido pelo próprio Pessoa.

2. Pessoa torna-se em 1912 membro da associação cívica Renascença Portuguesa, começando no mesmo ano a colaborar na revista *A Águia*, que é o seu órgão cultural e literário. Essa colaboração aparece hoje aos nossos olhos como um momento privilegiado, em que se reúnem dois dos poetas maiores do século XX português: Teixeira de Pascoaes, diretor da revista, e Pessoa. Tem sido notada sobretudo a diferença entre os dois, glosada, em tom de alguma ironia, nas cartas entre Sá-Carneiro e Pessoa. Mas é importante ver também a sua proximidade, que é mais que circunstancial. Por exemplo, a importância do paganismo para Teixeira de Pascoaes e Pessoa. Para além de que os colaboradores de Lisboa que publicam em *A Águia* entre 1912 e 1914, Pessoa e os seus amigos Côrtes-Rodrigues e Sá-Carneiro, são os mesmos que constituirão o núcleo de *Orpheu*.

Por outro lado, a apresentação por Pessoa da Nova Poesia Portuguesa como síntese de "Alma" e "Natureza" aparece como a própria solução daquela dissociação da sensibilidade de que falará Eliot no artigo de 1921, "Os Poetas Metafísicos"[2], e que é exemplificada em Pessoa pela síntese entre Classicismo e Romantismo. Assim, lê-se no terceiro dos artigos de 1912:

> Mas a nossa poesia de hoje é, como acima dissemos, mais do que subjetiva. Absolutamente subjetivo é o Simbolismo: daí o seu desequilíbrio, daí o seu caráter degenerativo, há muito notado por Nordau. A nova poesia portuguesa, porém, apesar de mostrar todas as características da poesia de alma, preocupa-se constantemente com a natureza,

2. *Ensaios Escolhidos*, p. 23.

quase exclusivamente, mesmo, na natureza se inspira. Por isso dizemos que ela é também uma poesia objetiva[3].

Teixeira de Pascoaes e a poesia saudosista servem a Pessoa como um primeiro modo possível de resolução do conflito entre o "pensar" e o "sentir" que a sua própria obra irá diferentemente propor. Além disso, nos artigos sobre a Nova Poesia Portuguesa Pessoa define essa poesia como tendo características que a sua própria ideia de poesia prevê: o *vago*, ou a escolha de um objeto não comum; o *sutil*, ou o resultado do aprofundamento subjetivo da sensação; o *complexo*, ou a síntese da sensação com a ideia e a emoção.

É muitas vezes citado este relacionamento entre duas poéticas mutuamente impenetráveis (uma inspirada e visionária, outra culta e racional), num momento em que Pessoa cria os fundamentos do seu trabalho futuro. Desta estranha unidade entre contrários dá conta a definição de Alberto Caeiro como um "Pascoaes virado do avesso, sem o tirar do lugar onde está"[4].

Mais tarde, o diálogo de Pessoa com a *presença* terá o mesmo aspecto de conversa de surdos. De resto, inesperadamente produtiva.

3. O grupo de poetas que formará *Orpheu* encontra-se em Lisboa em 1912, que é também a altura em que Pessoa e Sá--Carneiro travam conhecimento. Os artigos de Pessoa na *Águia* acabam por obter uma repercussão nacional, e no ano seguinte os amigos e ele vão lá publicar textos importantes. Trata-se portanto, em termos históricos, de uma aliança entre Pessoa e a Renascença Portuguesa, cujos contornos podem perceber-se por uma carta de 7 de março de 1913 a Álvaro Pinto:

3. *Crítica*, p. 45.
4. *Páginas Íntimas*, p. 335.

Há aqui várias *coteries* (meras e reles *coteries*) que nos fazem uma guerra esquerda e assolapada. Uma delas – a do João de Barros, Sousa Pinto, Joaquim Manso etc. – estende-se até incluir o Lopes Vieira e (parece-me) até enganchar, em Coimbra, gente que *espiritualmente* é o mais Renascença *possível*. Outra ainda anda em volta do Augusto Gil e do Guedes Teixeira[5].

Pelas referências feitas a certos nomes desses anos, percebe--se que essa "guerra" a uma novidade que constitui a poesia que Pessoa define como sendo a de Pascoaes e do Saudosismo deve, de fato, ser interpretada como uma oposição à novidade que constitui o espírito de *Orpheu*. De resto, Lopes Vieira, por exemplo, é muito próximo do Saudosismo. E o grupo que inclui este "nós" que aparece como o sujeito da passagem da carta citada não pode ser outro senão aquele que Pessoa concentra à sua volta.

A imagem de Pessoa como um poeta isolado não se confirma. Pelo menos nesses anos heroicos.

4. O messianismo da Nova Renascença, que afina pelo tom geral da grande esperança que o tempo da revolução republicana põe no ar, explica o tom com que Pessoa anuncia o supra--Camões, no primeiro artigo da série "A Nova Poesia Portuguesa", em 1912:

[...] deve estar para muito breve o inevitável aparecimento do poeta ou poetas supremos desta corrente, e da nossa terra, porque fatalmente o Grande Poeta, que este movimento gerará, deslocará para segundo plano a figura, até agora primacial, de Camões[6].

Tudo depende, afinal, de uma intensificação da capacidade de acreditar no futuro coletivo:

5. *Correspondência 1905-1922*, p. 87.
6. *Crítica*, p. 16.

Tenhamos fé. Tornemos essa crença, afinal lógica, num futuro mais glorioso do que a imaginação o ousa conceber, a nossa alma e o nosso corpo, o quotidiano e o eterno de nós[7].

E a força dessa crença criará o "supra-Portugal de amanhã".

O terceiro artigo, "A Nova Poesia Portuguesa no seu Aspecto Psicológico", ao mesmo tempo que analisa a atitude mental e desenvolve a concepção filosófica da poesia saudosista, parece prever a poesia que já se prepara, como se verá. O exemplo da nova escrita poética que Pessoa oferece como mais perfeito, os dois versos de Pascoaes "A folha que tombava / Era alma que subia", são eles mesmos a prefiguração do processo interseccionista, o da simultaneidade do visível e do invisível, ou o do cruzamento de um elemento do mundo exterior com um outro do mundo interior.

5. Recorde-se ainda que este é o tempo das Vanguardas, e que há proximidade entre o messianismo literário e cultural do supra-Camões e a configuração de um homem novo. O Futurismo, que deste ponto de vista é a corrente vanguardista por excelência, é messiânico no seu anúncio de um homem- -artista total.

6. Tem-se dito, no seguimento da biografia de Pessoa que Gaspar Simões publica em 1951, que a sua participação na Renascença Portuguesa é da ordem do equívoco. Não parece bem assim, pois nada poderia estar mais de acordo com o pensamento saudosista do que aquele tipo de anúncio hiperbólico do supra- -Camões. Aliás, nos primeiros anos de publicação de *A Águia* surgem vários artigos de Pascoaes anunciando um próximo e glorioso ressurgimento pátrio. E uma coisa é certa: a epifania da

7. *Idem*, p. 17.

"Raça Portuguesa" é tema comum a Teixeira de Pascoaes e a Pessoa, e existe uma coincidência completa, neste aspecto e neste momento, entre Pessoa e o poeta do Saudosismo. Estabelece-se entre eles uma aliança estratégica:

> [...] salta aos olhos a inevitável conclusão. É ela a mais extraordinária, a mais consoladora, a mais estonteante que se pode ousar esperar. É ela de ordem a coincidir absolutamente com aquelas intuições proféticas do poeta Teixeira de Pascoaes sobre a futura civilização lusitana, sobre o futuro glorioso que espera a Pátria Portuguesa. Tudo isso, que a fé e a intuição dos místicos deu a Teixeira de Pascoaes, vai o nosso raciocínio matematicamente confirmar[8].

O que não quer dizer que exista sintonia entre Pessoa e Teixeira de Pascoaes. Aliás, a relação com a revista *A Águia* sofre um rompimento súbito em finais de 1914, por causa da recusa de publicação, por parte do grupo da Renascença Portuguesa, de uma *plaquette* com "O Marinheiro". Tal rompimento fica claro numa carta a Álvaro Pinto, secretário da revista, em 12 de novembro de 1914[9].

E muito mais tarde, numa entrevista a *O Primeiro de Janeiro* de 24 de maio de 1950, Teixeira de Pascoaes há de definir a "Tabacaria", de Álvaro de Campos, como "uma brincadeira", protestando: "Que poesia há ali? Não há nenhuma, como não há nada... nem sequer cigarros!...". Tal declaração é inequívoca (e imagina-se o que poderia dizer de Alberto Caeiro). De fato, para Teixeira de Pascoaes, Pessoa nem merece o nome de poeta.

7. Afinal, o que é que torna possível este "equívoco", que Pessoa eleve publicamente aos píncaros Teixeira de Pascoaes em

---

8. *Idem*, p. 15.
9. *Correspondência 1905-1922*, p. 128.

A NOVA POESIA PORTUGUESA 45

1912, quando sabemos que, ao mesmo tempo, o considera "quase um grande poeta"[10] que sofre de *"pouca arte"*?[11]

Muito mais tarde, em 1935, num texto sobre os poetas da *presença*, é definida por Pessoa uma característica paradoxal da relação entre as gerações poéticas sucessivas. Por exemplo, os presencistas pensam que o grande artista é alguém de um "individualismo absoluto" que quer exprimir-se "inteiramente"[12], mas a verdade é que os grandes artistas se movem por processos instintivos. Assim sendo, não é possível ao indivíduo exprimir-se "inteiramente". Há uma ilusão essencial, uma fissura que se abre naquela inteireza de que o "individualismo absoluto" necessita.

Outro exemplo:

Goethe assentava a sua vida teórica, ou a sua teoria da vida mental, em um principal elemento – a cultura grega. Que deixou de realmente fundamental, que deixou que, por o ser, deveras lhe dá a grandeza? O *Fausto*, as duas partes do *Fausto*, onde a desarrumação das matérias, e, na segunda, o abuso de simbolismo e de alegoria, em nada revelam um discípulo dos mestres da ordenação, sobretudo poética, dos temas, e da perspicuidade fluida do pensamento e da sua expressão. Declarava Goethe ser clássico, e, em sincera teoria, veramente o era; a sua obra--prima, o *Fausto*, é a obra-prima do romantismo[13].

Ora, é este jogo entre a razão e o instinto que, do ponto de vista de Pessoa, pode explicar a defesa que os presencistas fazem dos poetas de *Orpheu* – tal como, certamente, explica a defesa que Pessoa faz do grupo saudosista de Teixeira de Pascoaes. São defesas sinceras, mas feitas a partir de poéticas incompatíveis com as que são defendidas.

10. *Apreciações*, p. 206.
11. Sá-Carneiro, *Cartas* I, p. 47.
12. *Páginas de Estética*, p. 347.
13. *Idem*, p. 352.

46   INTRODUÇÃO AO ESTUDO DE FERNANDO PESSOA

8. Numa resposta a um artigo de Adolfo Coelho, no quadro da polêmica que suscitam os artigos sobre a Nova Poesia Portuguesa, Pessoa explica aquele que é um dos pontos teóricos mais importantes da sua análise dessa corrente: que a originalidade da "nova Renascença" vem "de uma fusão do psiquismo da Renascença com o psiquismo do Romantismo". Ora, como "para a Renascença a Realidade é a Alma" e "para o Romantismo a Realidade é a Natureza", resulta que "para a Nova Renascença a Realidade deverá ser *fusão de Natureza e Alma*. A realidade será pois Natureza-Alma. Isto é, pela Nova Renascença *a Natureza será concebida como Alma*"[14].

A relação estabelecida entre Pessoa e o Saudosismo é, pois, uma forma indireta de conceber e apresentar a poética nova que *Orpheu* configura. Pois esta "fusão" central na Nova Poesia Portuguesa vem a ser relevante na concepção futura do Sensacionismo, que procurará uma síntese das duas realidades objetiva e subjetiva. E, do mesmo modo, a característica da Nova Poesia Portuguesa, o "encontrar em tudo um além"[15] – isto é, aquilo a que Sá-Carneiro e Pessoa chamarão *ampliação* – virá a ser um princípio sensacionista básico.

14. *Crítica*, pp. 74-75.
15. *Idem*, p. 45.

V

Janeiro de 1913: "Abdicação"

1. Num momento ainda precoce, que parece aos editores das *Páginas Íntimas* situar-se no princípio dos anos 1910, Pessoa escreve uma autoanálise premonitória do que será o seu trabalho literário futuro. Nela se descreve uma condição psíquica explosiva. Mas que também parece contemplar, e é este o aspecto mais curioso, as próprias condições de produção artística daquilo a que chamamos Modernismo. É como se a fragmentação enquanto processo da arte de Vanguarda se visse projetada no espaço interior de um poeta. E como se a introspecção fosse uma análise das suas próprias condições culturais:

> Os meus escritos, todos eles ficaram por acabar; sempre se interpunham novos pensamentos, extraordinárias, inexpulsáveis associações de ideias cujo termo era o infinito. Não posso evitar o ódio que os meus pensamentos têm a acabar seja o que for; uma coisa simples suscita dez mil pensamentos, e destes dez mil pensamentos brotam dez mil interassociações, e não tenho força de vontade para os eliminar ou deter, nem para os reunir num só pensamento central em que se percam os pormenores sem importância mas a eles associados. Perpassam dentro de mim; não são pensamentos meus, mas sim pensamentos que passam através de mim[1].

1. *Páginas Íntimas*, p. 17 (trad. de Jorge Rosa).

Esta é a descrição de uma intensidade criadora que há de conduzir à invenção do Sensacionismo.

2. Numa carta a Mário Beirão, de 1.2.1913, é enviado um poema muito relevante do início deste *annus mirabilis*. Esse poema constitui um todo com a narrativa que o enquadra:

Você sabe, creio, que de várias fobias que tive guardo unicamente a assaz infantil mas terrivelmente torturadora fobia das trovoadas. O outro dia o céu ameaçava chuva e eu ia a caminho de casa e por tarde não havia carros. Afinal não houve trovoada, mas esteve iminente e começou a chover – aqueles pingos graves, quentes e espaçados – ia eu ainda a meio do caminho entre a Baixa e minha casa. Atirei-me para casa com o andar mais próximo do correr que pude achar, com a tortura mental que você calcula, perturbadíssimo, confrangido eu todo. E neste estado de espírito encontro-me a compor um soneto – acabei-o uns passos antes de chegar ao portão de minha casa –, a compor um soneto de uma tristeza suave, calma, que parece escrito por um crepúsculo de céu limpo. E o soneto é não só calmo, mas também mais ligado e conexo que algumas coisas que eu tenho escrito. O fenômeno curioso do desdobramento é coisa que habitualmente tenho, mas nunca o tinha sentido neste grau de intensidade. Como prova do gênero calmo do soneto, aqui lho transcrevo:

ABDICAÇÃO

Toma-me, ó Noite Eterna, nos teus braços
E chama-me teu filho...
                 Eu sou um Rei
Que voluntariamente abandonei
O meu trono de sonhos e cansaços.

Minha espada, pesada a braços lassos,
Em mãos viris e calmas entreguei,
E meu cetro e coroa – eu os deixei
Na antecâmara, feitos em pedaços.

JANEIRO DE 1913: "ABDICAÇÃO" 49

Minha cota de malha, tão inútil,
Minhas esporas dum tinir tão fútil –
Deixei-as pela fria escadaria.

Despi a Realeza, corpo e alma,
E regressei à Noite antiga e calma
Como a paisagem ao morrer do dia[2].

Este poema, que virá a ser publicado em 1920 na revista *Ressurreição*, é um momento importante pela concentração de sentido. O fenômeno de um desdobramento psíquico contado na pequena narrativa prévia, que manifesta o reconhecimento de uma complexidade subjetiva, projeta-se no soneto como um processo de ascese, de despojamento de todas as máscaras que servem as funções social ou simbólica. Há traços de ritual neste soneto, sobretudo se o lermos como o início de um processo que irá continuar ao longo do ano de 1913. É clara a correspondência entre o processo do desdobramento narrado e o encontro de uma espécie de grau zero da identidade, ou, no abraço com a "noite eterna", uma definitiva *abdicação* da identidade.

Mas o emocionado reconhecimento que é esperado por parte da noite é, ele mesmo, um apelo de identidade. O "rei" é agora o "filho da noite". Pelo que parece levar a concluir que nem o desdobramento é uma perda de identidade, nem a identidade escapa ao desdobramento. Ou seja, Pessoa apura aqui uma técnica semelhante à que usa o ator ao representar, e de que mais tarde há de fazer a teoria: é o *fingidor*, aquele que se desdobra, sem se perder, numa personagem distinta de si mesmo.

3. O desdobramento em "Abdicação" consiste no fato de que há uma nova consciência que se manifesta, que se destaca da

2. *Correspondência 1905-1922*, pp. 80-81.

consciência. Esse desdobramento abre um intervalo na consciência que é constitutivo da heteronímia, pois esse intervalo é um lugar que fica nem cá nem lá, nem é visível nem invisível. Mas não é um espaço de inconsciência, é, por assim dizer, uma entre-consciência.

Assim, quando se refere a cisão (*spaltung*) do sujeito como contexto ou referência da heteronímia, usa-se um conceito freudiano para iluminar uma poética que assenta no movimento contrário. Na verdade, o desdobramento como movimento inicial da criação, nos termos experimentais e de ruptura que são os de Pessoa nesta fase, formula a ideia de uma "dispersão" da "alma", logo, de uma multiplicação e não de uma divisão.

A "despersonalização" de que fala várias vezes – por exemplo, nas duas cartas finais a Casais Monteiro – é uma outra palavra com o mesmo sentido de "desdobramento". Assim, não está em causa a perda de identidade, mas a possibilidade de compreensão do lugar do outro. Aliás, num texto sem data, "um grande poder de despersonalização" é associado por Pessoa aos requisitos críticos de um bom leitor[3].

4. A metáfora das máscaras, muito utilizada a respeito de Pessoa – o que é até induzido pelo étimo latino do nome Pessoa, *persona*, que significa *máscara* – tende a configurar sob essas máscaras (que seriam os heterônimos) a presença de um rosto autêntico (o do "Autor real").

Ora, existe um poema culminante que trata este tema, escrito em 1912 (será o oitavo dos *35 Sonnets*, no opúsculo publicado em 1918). Aí, começando por pressupor que as máscaras que todos usamos estão colocadas sobre uma alma ("Upon our contenance of soul"), descreve a seguir a impossibilidade de se chegar, ao ir

---

3. *Pessoa por Conhecer*, p. 85.

retirando as máscaras uma por uma, àquela que seria a última e que precederia o conhecimento direto da própria alma. O final do soneto afirma, portanto, a inacessibilidade de um além das máscaras, pois toda a tentativa de retirar a máscara e de conhecer a verdade é realizada por alguém que vai, ele próprio, mascarado:

And, when a thought would unmask our soul's masking,
Itself goes not unmasked to the unmasking.

Ou, na tradução de Jorge de Sena[4]:

E, quando um pensamento desmascara,
Desmascarar não vai desmascarado.

É esta leitura, aliás, que descreve também José Saramago, num artigo sobre Pessoa contemporâneo do *Ano da Morte de Ricardo Reis*: "As máscaras olham-se sabendo-se máscaras"[5].

Quer dizer: dado que a única verdade da poesia é, para usar palavras de Oscar Wilde, a "verdade das máscaras" – o rosto daquele que escreve recua, no poema seminal que é "Abdicação", para fora de cena – e dissolve-se na "noite antiga e calma".

---

4. *Poemas Ingleses*, pp. 164-165.
5. José Saramago, "As Máscaras que se Olham".

VI
Março de 1913: "Pauis"

1. É conhecida a frase de Virginia Woolf : "in or about December 1910 human character changed"[1]. Esta mudança, que sugere o aparecimento da Vanguarda, tem, aliás, uma coincidência curiosa no caso português: é o primeiro voo de *A Águia*, a 1º de dezembro de 1910.

A relação entre a obra de Pessoa, que por 1913 está perto de atingir a sua maturidade poética, e a Vanguarda não é evidente[2]. A verdade é que a irrupção dos heterônimos surge historicamente em consequência direta do conhecimento que dessa Vanguarda tem Pessoa, por intermédio das cartas de Sá-Carneiro enviadas da sua temporada parisiense e da discussão que entre eles se trava ao longo de 1913. Mesmo que essa consequência seja só cronológica, não o é apenas por acaso. E, mesmo que a heteronímia seja tendência antiga em Pessoa, a inspiração da Vanguarda conjuga-se com o seu não tradicionalismo radical.

---

1. "Por volta de dezembro de 1910, o caráter humano transformou-se" (cf. "Mr. Bennett and Mrs. Brown", p. 396).
2. Vítor Aguiar e Silva, "Modernismo e Vanguarda em Fernando Pessoa", p. 705.

54 INTRODUÇÃO AO ESTUDO DE FERNANDO PESSOA

Outra produção de 1913 que vem a propósito é a peça de Maiakovski, *Maiakovsky: Uma Tragédia*, em que a figura central é um poeta chamado Maiakovski – *ipso facto* não passível de se confundir com o autor do mesmo nome. A diferença é que, no caso do futuro grande teatro dos heterônimos, a figura central não será o poeta ortônimo. Embora exista, como em Maiakovski, todo o processo de se tornar personagem e a assunção de uma dimensão performativa.

2. Ora, por volta de março de 1913, alguma coisa de decisivo muda no caráter poético de Pessoa e Sá-Carneiro. A correspondência entre ambos mostra a importância que a sua relação literária toma, tal como será citada por Álvaro de Campos:

O Sensacionismo começou com a amizade entre Fernando Pessoa e Sá-Carneiro. Provavelmente é difícil destrinçar a parte de cada um na origem do movimento e, com certeza, absolutamente inútil determiná--lo. O fato é que ambos lhe deram início[3].

Nas cartas a Pessoa de março, abril e maio, Sá-Carneiro dá--se conta da discussão gerada à volta de uma composição nova que tinha enviado de Paris, "Bailado". Conforme percebemos pela carta a Pessoa de 21 de abril de 1913, quer Pessoa quer Correia de Oliveira ou Ponce de Leão reagem à grande estranheza de "Bailado"[4]. E Sá-Carneiro escreve a António Ferro a 5 de maio[5]: "levo em conta o pedido que uma comissão de amigos [...] me faz sobre a estranheza demasiada das minhas últimas produções". Mas logo a 6 de maio reage com enorme entusiasmo a um poema que acabara de receber de Pessoa: "Pauis"[6]. É que, de certo modo,

---

3. *Páginas Íntimas*, p. 148 (trad. Tomás Kim).
4. *Correspondência 1905-1922*, p. 101.
5. Fernanda Toriello, *La Ricerca Infinita*, p. 154.
6. *Correspondência 1905-1922*, p. 115.

este poema representa a incorporação daquela estranheza que a escrita de Sá-Carneiro descobrira no "Bailado" de Paris.

3. Além disso, ao longo deste ano, surge progressivamente na poesia de Pessoa um tema novo, o da dispersão do Eu, que é o tema obsessivo do amigo. Em Pessoa, a noção de dispersão ganha um ritmo paralelo ao de Sá-Carneiro. Aquilo a que se chama Paulismo, numa corrente que se propaga a partir desta temática em Pessoa e Sá-Carneiro, e que conduz a uma prática constante da incongruência semântica, assenta, sobretudo, num jogo com as formas do pronome pessoal. A caracterização vanguardista específica do Paulismo chega até a formas de escrita automática – como se exemplifica pelo poema de 1914 que começa com o verso: "Bateram com uma bota na cabeça de metade do silêncio"[7]. Mas, no fundamental, opera-se, ao longo desse ano de 1913, um sistemático estranhamento do sujeito.

Por exemplo, num poema como "Cortejo Fúnebre", de 23 de março de 1913, lê-se: "Não saber eu quem sou, e o que é aqui!" E logo no poema "Pauis", a 29 de março, "O mistério sabe-me a eu ser outro...". Poucos dias depois, no poema "Auréola": "porque eu sou mais do que conheço e sinto / Contenho um eu-além". Em maio, escreve: "Sei que não sou eu...". Em junho, há este verso em "Hora Absurda", poema que será publicado em 1916: "Eu sou um doido que estranha a sua própria alma...". E, alguns dias mais tarde: "Tiro o ser eu como a um véu [...]"[8].

Este novo tema pessoano repercute-se constantemente até o princípio de 1914: o verso "eu não sei o que sou [...]" é repetido em dois poemas sucessivos, e lê-se a seguir: "Não sou eu, não conheço". Há, por outro lado, momentos em que o tema passa

7. *Poesia 1902-1917*, p. 258.
8. *Idem*, pp. 164, 213, 167, 174, 183, 184.

por um pastiche direto de Sá-Carneiro, como no poema "Acontece em Deus": "Entre mim e a vida há uma ponte partida / Só os meus sonhos passam por ela..."[9] A intersecção entre o "eu" e o "outro" mistura-se com a identificação entre "alma" e "exílio". Num crescendo, há versos datados de fevereiro de 1914 que dramatizam um desejo prestes a ser realizado: "Doo-me ser eu continuadamente... / Não haver fuga dentro em mim pr'a mim!..."[10] Será logo a seguir que Pessoa cria os poemas e os nomes heterônimos. E essa criação vem dar forma dramática à vertigem introduzida pelo tema da dispersão do sujeito, na interlocução com Sá-Carneiro, combinada com o tema e a prática da proliferação pseudonímica já praticados na poesia do jovem Pessoa.

4. Escreve Pessoa em 1914 que existem duas correntes antagônicas na literatura portuguesa: "Uma é a da Renascença Portuguesa, a outra é dupla, é realmente duas correntes. Divide-se no Sensacionismo, de que é chefe o sr. Alberto Caeiro, e no Paulismo, cujo representante principal é o sr. Fernando Pessoa"[11]. Ou seja, Paulismo e Sensacionismo integram uma e mesma estratégia poética.

O poema "Pauis", – escrito em 29 de março de 1913 – começa por ser distribuído em versões manuscritas. A escrita paúlica será, mais tarde, usada por outros escritores entre 1914 e 1916, como Garcia Pulido, D. Tomás de Almeida, Cabral do Nascimento, Carlos Parreira, Silva Tavares, Carvalho Mourão, Augusto Cunha ou Albino de Menezes, entendendo-a como uma nova forma do estilo decadente ainda preso ao fim de século. Mas é já outra coisa, de teor próximo da Vanguarda, como o pode indi-

9. *Idem*, pp. 186, 190, 191, 194.
10. *Idem*, pp. 202, 203, 212.
11. *Páginas Íntimas*, pp. 125-126.

car o projeto de *Manifesto Paulista* que Pessoa chega a esboçar, e de que resta uma frase provocatória: "Ao contrário do que Oscar Wilde disse, só a arte é que é útil"[12].

Em 1913 saem um livro de Alfredo Guisado, *Distância*, que também escreve ao modo paúlico, e *Dispersão* e *A Confissão de Lúcio*, obras-primas dessa nova escrita em Sá-Carneiro. Mas a mais significativa manifestação do Paulismo será a revista *A Renascença*, em 1914, número único, que integra "Além", poema em prosa de Sá-Carneiro que vem assinado (como se um heterônimo fosse) por P. I. Zagoriansky, e "Pauis" – sem o título, poema inserido no díptico "Impressões do Crepúsculo":

> Pauis de roçarem ânsias pela minh' alma em ouro...
> Dobre longínquo de Outros Sinos... Empalidece o louro
> Trigo na cinza do poente... Corre um frio carnal por minha por
> > minh' alma...
> Tão sempre a mesma, a Hora!... Baloiçar de cimos de palma...
> Silêncio que as folhas fitam em nós... Outono delgado
> Dum canto de vaga ave... Azul esquecido em estagnado...
> Oh que mudo grito de ânsia põe garras na Hora!...
> Que pasmo de mim anseia por outra coisa que o que chora?...
> Estendo as mãos para além, mas ao estendê-las já vejo
> Que não é aquilo que quero aquilo que desejo...
> Címbalos de imperfeição... Ó tão antiguidade
> A hora expulsa de si-Tempo!... Onda de recuo que invade
> O meu abandonar-me a mim-próprio até desfalecer,
> E recordar tanto o Eu presente que me sinto esquecer...
> Fluido de auréola, transparente de Foi, oco de ter-se...
> O Mistério sabe-me a eu ser outro... Luar sobre o não conter-se...
> A sentinela é hirta – a lança que finca no chão
> É mais alta que ela... Pra que é tudo isto?... Dia chão...
> Trepadeiras de despropósito lambendo de Hora os Aléns!
> Horizontes fechando os olhos ao espaço em que são elos de erro!

---

12. *Sensacionismo*, p. 100, lê "sutil".

INTRODUÇÃO AO ESTUDO DE FERNANDO PESSOA

Fanfarras de ópios de silêncios futuros... Longes trens...
Portões vistos longe... através das árvores... tão de ferro!...[13]

Desde o primeiro verso, a desarticulação semântica instala-se. A contorção retórica é constante. Um zeugma como "trepadeiras de despropósito" instila uma ironia forte, e, como todo o poema, é um gesto de derrisão do gosto e da legibilidade comuns. Uma frase como "Fanfarras de ópios de silêncios futuros" é apenas o último de uma série de anfiguris em que se estilhaça o sentido.

No entanto, Sá-Carneiro escreve a Pessoa: "eu não acho os "Pauis" tão nebulosos como você quer; acho-os mesmo muito mais claros do que outras poesias suas"[14]. Será antes esta atitude *séria* sugerida por Sá-Carneiro aquela que Pessoa assume quando escreve – em 4 de julho de 1913 – o poema paúlico "Hora Absurda", em 1916 publicado na revista *Exílio*:

É preciso destruir o propósito de todas as pontes,
Vestir de alheamento as paisagens de todas as terras,
Endireitar à força a curva dos horizontes,
E gemer por ter de viver, como um ruído brusco de serras...

5. Dentre os muitos planos esboçados por Pessoa encontra-se o de um livro que recolheria poemas próximos do Paulismo. Chamar-se-ia *Itinerário*, e os títulos de poemas que incluiria (uns já escritos, outros não) são típicos. Por exemplo: "As Sete Salas do Palácio Abandonado", "O Parque da Rainha Louca", "A Cidade das Cinco Portas", "Cortejos" (de que "Pauis" faria parte), "O Reino dos Ídolos", "A Floresta dos Gnomos", "Tédio em Festa"[15].

13. *Poesia 1902-1917*, p. 213.
14. *Correspondência 1905-1922*, p. 117.
15. E3 48C-37.

MARÇO DE 1913: "PAUIS" 59

Todo o folclore decadente está aqui. Nesta série torna-se óbvia a matriz simbolista do Paulismo, que pode até ser definido como um Neossimbolismo (o que Pessoa implicitamente faz, num texto de Álvaro de Campos, ao indicar como elementos constitutivos do *Orpheu* o Neossimbolismo, o Sensacionismo e o Futurismo)[16].

Note-se que, em Pessoa e Sá-Carneiro, a transição do Paulismo para o Interseccionismo se faz sem solução de continuidade, implicando apenas uma afinação de atitude e ponto de vista. A própria ideia do Sensacionismo é a de síntese do múltiplo, pelo que, havendo distinção, não há oposição. Mesmo que o Paulismo seja o primeiro a aparecer, a existência dos três "sensacionismos" é combinada, servindo para que as poesias dos diferentes heterônimos se definam, e, por sua vez, se liguem a outros poetas contemporâneos: a dimensão mais formal do Interseccionismo aproxima Fernando Pessoa de Sá-Carneiro, enquanto a dimensão mais performativa do Sensacionismo aproxima Álvaro de Campos de Almada Negreiros.

16. *Sensacionismo*, p. 213.

VII
Agosto de 1913:
"Na Floresta do Alheamento"

1. "Na Floresta do Alheamento": este poema em prosa, publicado em *A Águia* em agosto de 1913 (e, não por acaso, a última colaboração de Pessoa nessa revista), é aí indicado como pertencendo ao *Livro do Desassossego*, constituindo assim a primeira aparição pública de um título que viria a ser tão relevante nos últimos anos de Pessoa.

É o exemplo da nova linguagem que desarticula o Simbolismo e de que o Paulismo é a primeira forma. Serve para cunhar a expressão "estilo alheio", que é citado em carta de 3.5.1914 a João Lebre e Lima[1], e define, por outro lado, a marca estilística do Interseccionismo. Esta é uma escrita em que o aspecto experimental é evidente:

Sei que despertei e que ainda durmo. O meu corpo antigo, moído de eu viver diz-me que é muito cedo ainda... Sinto-me febril de longe. Peso-me, não sei porquê...

Num torpor lúcido, pesadamente incorpóreo, estagno, entre o sono e a vigília, num sonho que é uma sombra de sonhar. Minha atenção boia entre dois mundos e vê cegamente a profundeza de um mar e a profun-

1. *Correspondência 1905-1922*, p. 111.

deza de um céu; e estas profundezas interpenetram-se, misturam-se, e eu não sei onde estou nem o que sonho.

Um vento de sombras sopra cinzas de propósitos mortos sobre o que eu sou de desperto. Cai de um firmamento desconhecido um orvalho morno de tédio. Uma grande angústia inerte manuseia-me a alma por dentro e, incerta, altera-me, como a brisa aos perfis das copas.

Na alcova mórbida e morna a antemanhã de lá fora é apenas um hálito de penumbra. Sou todo confusão quieta... Para que há de um dia raiar?... Custa-me o saber que ele raiará, como se fosse um esforço meu que houvesse de o fazer aparecer.

Com uma lentidão confusa acalmo. Entorpeço-me. Boio no ar, entre velar e dormir, e uma outra espécie de realidade surge, e eu em meio dela, não sei de que onde que não é este...

Surge mas não apaga esta, esta da alcova tépida, essa de uma floresta estranha. Coexistem na minha atenção algemada as duas realidades, como dois fumos que se misturam.

Que nítida de outra e de ela essa trêmula paisagem transparente!...[2]

Marcantemente, a construção de um certo ambiente espaçotemporal é associada às experiências de intersecção sensorial descritas. Esse ambiente tem a ver com a ideia de intervalo, ou de interlúdio. É um espaço ele próprio *alheio*:

Ali vivemos um tempo que não sabia decorrer, um espaço para que não havia pensar em poder-se medi-lo. Um decorrer fora do Tempo, uma extensão que desconhecia os hábitos da realidade do espaço... Que horas, ó companheira inútil do meu tédio, que horas de desassossego feliz se fingiram nossas ali!...

Assim o alheamento – tema-chave do Interseccionismo – é associado a um "torpor lúcido", a uma espécie de "entressonho", um "entre velar e dormir" que permite o "desassossego feliz".

---

2. *Livro do Desassossego*, p. 458.

2. O conceito de Interseccionismo é de raiz geométrica, e a sua referência é o Cubismo. Eis como Pessoa apresenta a sua ideia:

> Assim, tendo nós, ao mesmo tempo, consciência do exterior e do nosso espírito, e sendo o nosso espírito uma paisagem, temos ao mesmo tempo consciência de duas paisagens. Ora, essas paisagens fundem-se, interpenetram-se [...]. De maneira que a arte que queira representar bem a realidade terá de a dar através duma representação simultânea da paisagem interior e da paisagem exterior. Resulta que terá de tentar dar uma intersecção de duas paisagens[3].

O longo poema em seis partes de Fernando Pessoa publicado no *Orpheu* 2, "Chuva Oblíqua", será o melhor exemplo de Interseccionismo: faz cruzamentos aleatórios de uma paisagem vista com uma paisagem imaginada. "Chuva Oblíqua" tem, de fato, a função de uma *ars poetica* que substitui o manifesto que não teve lugar. O primeiro verso da primeira parte do poema é de clareza programática: "Atravessa esta paisagem o meu sonho dum porto infinito". No *Orpheu* 2 saem também composições plásticas interseccionistas de Santa Rita Pintor.

No livro *Dispersão*, de Sá-Carneiro, escrito entre fevereiro e maio de 1913, todas as imagens resultam de intersecções: da luz e da sombra ("Gomos de luz em treva se misturam"), do passado e do presente ("Como Ontem, para mim, Hoje é distância"), do possível e do impossível ("A tristeza das coisas que não foram") – como se lê no soneto *Estátua Falsa*. Outro caso é o poema *7*, de fevereiro de 1914, que representa o Eu por uma imagem de linhas cruzadas, à maneira cubista:

> Eu não sou eu nem sou o outro,
> Sou qualquer coisa de intermédio:

---

3. *Obra Poética*, p. 101.

Pilar da ponte de tédio
Que vai de mim para o Outro.

Na escrita de Sá-Carneiro, o Interseccionismo é um procedimento assumido. E escolhe uma frase (que atribui a Taine) para definir o "belo interseccionista": "Belo é tudo quanto nos provoca a sensação do invisível"[4]. Em Almada também há referência à poética interseccionista, embora preferindo a expressão "contrastes simultâneos", que usa como subtítulo de "Saltimbancos" (1917).

3. Numa carta de Campos ao *Diário de Notícias* de 4 de junho de 1915[5], não publicada, em que a polêmica em torno de *Orpheu* serve de pretexto para recusar a sua definição, que circula pelos jornais do tempo, como futurista, pode ler-se:

A atitude principal do futurismo é a Objetividade Absoluta, a eliminação, da arte, de tudo quanto é alma, quanto é sentimento, emoção, lirismo, subjetividade em suma. Ora se há coisa que seja típica do Interseccionismo (tal é o nome do movimento português) é a subjetividade excessiva, a síntese levada ao máximo, o exagero da atitude estática.

Entretanto, Pessoa faz a seguir uma associação cautelosa:

A minha *Ode Triunfal*, no 1º número do *Orpheu*, é a única coisa que se aproxima do futurismo. Mas aproxima-se pelo assunto que me inspirou, não pela realização – e em arte a forma de realizar é que caracteriza e distingue as correntes e as escolas.

De fato, neste ponto, a palavra seria Sensacionismo. E percebe-se que a especificidade deste, no concerto da poética órfica, é essa "aproximação" do Futurismo.

4. *Cartas* II, p. 128.
5. *Páginas Íntimas*, p. 412.

AGOSTO DE 1913: "NA FLORESTA DO ALHEAMENTO"   65

Importante notar que o Interseccionismo chega a estar previsto como um movimento a ser efetivamente lançado em 1914, com o devido manifesto e tudo: é anunciada uma *Antologia do Interseccionismo* numa carta a Côrtes-Rodrigues[6], e é projetada uma revista, *Europa*, que seria o "órgão do Interseccionismo"[7].

4. Numa carta a Côrtes-Rodrigues, de 19.1.1915, escreve Pessoa[8]:

> E por isso não são sérios os "Pauis", nem seria o *Manifesto* interseccionista de que uma vez lhe li trechos desconexos. Em qualquer destas composições a minha atitude para com o público é a de um palhaço.

O Paulismo é, em suma, uma paródia do Simbolismo, e o poema "Saudade Dada", publicado no *Portugal Futurista*, constitui o seu apogeu, em tom de farsa. Mas o Interseccionismo é a sério se for comparado com o Paulismo (segundo carta de Sá-Carneiro a Pessoa em 4.12.1914)[9], e essa diferença de atitude é assumida por ambos como um segredo poético do seu comum laboratório de linguagem. Mas também no Interseccionismo está exposto o lado carnavalesco da Vanguarda, com a sua "fúria de geometrismo plástico"[10].

---

6. *Correspondência 1905-1922*, p. 126.
7. *Sensacionismo*, p. 36.
8. *Correspondência 1905-1922*, pp. 142-143.
9. *Idem*, p. 26.
10. Ortega y Gasset, p. 43.

VIII
Outubro de 1913: "O Marinheiro"

1. A peça de teatro "estático" "O Marinheiro" é reescrita para sair no *Orpheu* 1 em 1915, mas a sua primeira versão é de 1913 (assim vem datada na revista: "11/12 outubro, 1913")[1]. É um texto fulcral na obra de Pessoa. Numa carta de 12.11.1914 para Álvaro Pinto, Pessoa justifica a ruptura com a Renascença Portuguesa pelo fato de lhe ter sido recusada a publicação de "O Marinheiro"[2], e isso vem sublinhar a sua qualidade de pedra de toque, tornando-o num texto-bandeira, quase num manifesto. Depois, ainda em 1930, numa carta a Gaspar Simões, informa estar fazendo emendas no seu texto em português[3]. Mais, encontram-se no espólio extensos fragmentos da peça traduzidos em francês, e dois trechos de uma tradução para inglês[4].

A publicação de "O Marinheiro" em 1915 na revista-matriz do Modernismo pode até surpreender, por ter a ver diretamente com a poética simbolista de que Maeterlinck é exemplo, e à qual, apesar de todas as relações de homenagem e herança, se opõe a

1. *Orpheu*, p. 39.
2. *Correspondência 1905-1922*, p. 128.
3. *Correspondência 1923-1935*, p. 190.
4. Cf. Claudia J. Fischer.

escrita da geração que começa. Na verdade, essa tradição simbolista é levada às últimas consequências em "O Marinheiro", a tal ponto que se insinua um laivo corrosivo de ironia, que se manifesta no subtítulo que Pessoa lhe apõe: "Drama Estático". É um oxímoro. E os manifestos futuristas usam esse adjetivo, "estático", para renegarem o teatro tal qual ele se faz no seu tempo. Deste modo, a designação em subtítulo ri-se, por assim dizer, do texto que inicia.

2. "O Marinheiro" é publicado no *Orpheu* 1 e as "Ficções do Interlúdio" são publicadas no *Portugal Futurista*: trata-se de bons exemplos, em ambos os casos, do Simbolismo e da chamada escrita decadentista. Ou seja, a poética simbolista, que representa uma sobrevivência do passado, vê-se incluída no coração das revistas da Vanguarda portuguesa. A razão está no grau extremo da estilização ultrassimbolista do procedimento, que é marca de forte distância crítica. Mas isso tem também a ver, por outro lado, com a caracterização da personalidade que em 1928 será designada por *ortônima* – e que é a tradição poética do final do século xix. Na verdade, só Fernando Pessoa poderia assinar textos destes.

3. O tema do sonho já fora ensaiado por Pessoa em textos dramáticos anteriores a "O Marinheiro". Num deles, *Salomé*, lemos o mesmo modo de encaixe dos sonhos uns nos outros. Salomé sonha com o profeta João – que sonha com um deus novo:

> Quero, com todo o meu sonho, que este sonho seja verdadeiro. Quero que fique verdade no futuro, como outros sonhos são verdades no passado. Quero que homens morram, que povos sofram, que multidões rujam ou tremam, porque eu tive este sonho. Quero que o profeta que imaginei crie um deus e uma nova maneira de deuses, e outras coisas, e outros sentimentos, e outra coisa que não seja a vida. Quero tanto sonho que ninguém o possa realizar. Quero ser a rainha do futuro que

nunca haja, a irmã dos deuses que sejam amaldiçoados, a mãe virgem e estéril dos deuses que nunca serão[5].

Depois, imagina que o sonho seja apenas uma espécie de sexto sentido: "Ah, que talvez o sonho não crie mas veja, e não faça senão o que adivinha"[6]. Assim, a sensação das coisas a partir do sonho parece chegar mais fundo do que a vista acordada.

4. Lê-se num apontamento de 1913:

> Quem quisesse resumir numa palavra a característica principal da arte moderna encontrá-la-ia, perfeitamente, na palavra sonho. A arte moderna é arte de sonho. [...] O maior poeta da época moderna será o que tiver mais capacidade de sonho[7].

De qualquer modo, o sonho é determinante no tempo da Vanguarda, que é o tempo da Revolução: o sonho é a materialização da utopia como ideia. O messianismo, o nacionalismo místico sebastianista que encontramos em Pessoa ou em Pascoaes são outros modos de exemplificar a centralidade do sonho.

Escreve José Gil esta síntese:

> Sendo um processo para recriar, no plano artístico, uma outra forma de vida, o sonho surge como uma experimentação. Não como uma experimentação da (ou sobre a) vida, mas antes, como uma vida tornada experimental; simultaneamente, a vida real transforma-se em experimentação sonhada: a vida transmuta-se em sonho e o sonho em vida, tal como a sensação se torna ideia e a ideia emoção[8].

5. É poucos meses antes da eclosão dos heterônimos que Pessoa tematiza em "O Marinheiro" o poder criador do sonho. Eis a

---

5. Teresa Rita Lopes, *Fernando Pessoa et le Drame Symboliste*, p. 518.
6. *Idem*, p. 520
7. *Páginas de Estética*, pp. 153 e 157.
8. *Fernando Pessoa ou a Metafísica das Sensações*, p. 146.

narrativa principal dessa peça de teatro, que é o sonho contado pela Segunda Veladora:

Sonhava de um marinheiro que se houvesse perdido numa ilha longínqua. Nessa ilha havia palmeiras hirtas, poucas, e aves vagas passavam por elas... Não vi se alguma vez pousavam... Desde que, naufragado, se salvara, o marinheiro vivia ali... Como ele não tinha meio de voltar à pátria, e cada vez que se lembrava dela sofria, pôs-se a sonhar uma pátria que nunca tivesse tido: pôs-se a fazer ter sido sua uma outra pátria, uma outra espécie de país com outras espécies de paisagens, e outra gente, e outro feitio de passarem pelas ruas e de se debruçarem das janelas...

[...] Ao princípio ele criou as paisagens, depois criou as cidades; criou depois as ruas e as travessas, uma a uma, cinzelando-as na matéria da sua alma – uma a uma as ruas, bairro a bairro, até as muralhas dos cais de onde ele criou depois os portos... Uma a uma as ruas, e a gente que as percorria e que olhava sobre elas das janelas... Passou a conhecer certa gente, como quem a reconhece apenas... Ia-lhes conhecendo as vidas passadas e as conversas, e tudo isto era como quem sonha apenas paisagens e as vai vendo... Depois viajava, recordando, através do país que criara... E assim foi construindo o seu passado... Breve tinha uma outra vida anterior... Tinha já, nessa nova pátria, um lugar onde nascera, os lugares onde passara a juventude, os portos onde embarcara... Ia tendo tido os companheiros da infância e depois os amigos e inimigos da sua idade viril... Tudo era diferente de como ele o tivera – nem o país, nem a gente, nem o seu passado próprio se pareciam com o que haviam sido...

[...] Um dia, que chovera muito, e o horizonte estava mais incerto, o marinheiro cansou-se de sonhar... Quis então recordar a sua pátria verdadeira..., mas viu que não se lembrava de nada, que ela não existia para ele... Meninice de que se lembrasse, era a na sua pátria de sonho; adolescência que recordasse, era aquela que se criara... Toda a sua vida tinha sido a sua vida que sonhara... E ele viu que não podia ser que outra vida tivesse existido... Se ele nem de uma rua, nem de uma figura, nem de um gesto materno se lembrava... E da vida que lhe parecia ter sonhado, tudo era real e tinha sido... Nem sequer podia sonhar outro passado, conceber que tivesse tido outro, como todos, um momento, podem crer...

OUTUBRO DE 1913: "O MARINHEIRO" 71

[...] Veio um dia um barco, e passou por essa ilha, e não estava lá o marinheiro[9].

Este tipo de Sensacionismo que "O Marinheiro" configura inclui a transgressão sintática dos "Pauis" e o mesmo princípio da intersecção entre as paisagens interior e exterior da "Floresta do Alheamento", mas acrescenta-lhe uma dimensão cênica e narrativa, que se torna uma metafísica: "Nenhum sonho acaba. Sei eu ao certo se o não continuo sonhando, se o não sonho sem o saber, se o sonhá-lo não é esta coisa vaga a que eu chamo a minha vida?"[10] Esta metamorfose da vida em sonho prepara o espaço em que os heterônimos vão aparecer.

6. "O Marinheiro" é uma paródia na acepção de Linda Hutcheon (a "inversão irônica" e a "repetição com distância crítica")[11]. Neste caso, paródia de Maeterlinck, assumida num prefácio de Álvaro de Campos para uma antologia de poetas sensacionistas em 1916: "Nada de mais remoto existe em literatura. A melhor nebulosidade e subtileza de Maeterlinck é grosseira e carnal em comparação"[12]. Assim o Simbolismo se transforma numa espécie de *ready made*, num jogo citacional.

A questão interessante é que o segundo sonho, o sonho do marinheiro no sonho da veladora, não é mais vago e mais incorporal, mas é, pelo contrário, mais nítido e vivo que o primeiro sonho. Trata-se, pois, de um sonho que não é apenas sonho, mas uma realidade paralela. Aliás: "O universo é o sonho de um sonhador infinito e omnipotente"[13]. O sonho vem ocupar o lugar da realidade, ele é o real absoluto.

9. *Prosa Publicada*, pp. 37-40.
10. *Idem*, p. 40.
11. *Uma Teoria da Paródia*, pp. 15-19.
12. *Páginas Íntimas*, p. 148.
13. *Textos Filosóficos* II, p. 182.

72   INTRODUÇÃO AO ESTUDO DE FERNANDO PESSOA

7. A história do marinheiro é a mesma que Sá-Carneiro conta na novela *O Homem dos Sonhos*, também de 1913: um homem que sonha tanto que acaba por ir viver dentro do seu sonho. Não é somente o homem-dos-sonhos, é o homem-sonho. Tal intensificação do tema do sonho conduz a Segunda Veladora a uma pergunta: "Por que não será a única coisa real nisto tudo o marinheiro, e nós e tudo isto aqui apenas um sonho dele?"[14] Quem sonha pode também ser parte do seu sonho – eis a revelação. Ou o novo mistério. Pois, tal como na "Floresta do Alheamento" se pode ler, a intersecção pode tornar-se vertiginosa e labiríntica: "E talvez eu não seja senão um sonho desse Alguém que não existe..."[15]

Em última análise, é desta mesma substância que os heterônimos são feitos: seres de sonho, que habitam o sonho como mundo verdadeiro. Pelo que poderá escrever Pessoa sobre eles em 1935: "Não sei, bem entendido, se realmente não existiram ou se sou eu que não existo"[16].

Se os sonhos são a matéria de que a arte se faz, eles mesmos são feitos de fragmentos da vida. Tal como a arte é montagem de sonhos, os sonhos são montagem de imagens da experiência vivida. Os conceitos de sonho e de arte tornam-se intermutáveis.

8. Este universo dos sonhos não é um mundo imaginário, mas um outro mundo real. E entre as muitas formas de realidade a vida flui, e o sentido. Em 1929, lê-se no primeiro trecho que Pessoa publica do *Livro do Desassossego*: "Não há diferença entre mim e as ruas para o lado da Alfândega, salvo elas serem ruas e eu ser alma"[17]. Ora, ainda aqui, ocorre a mesma intersecção entre sensações e realidades de ordem e plano diferentes. Se a rua e a

14. *Prosa Publicada*, p. 42.
15. *Livro do Desassossego*, p. 454.
16. *Teoria da Heteronímia*, p. 274.
17. *O Livro do Desassossego*, p. 54.

alma podem ser a mesma coisa, é porque a equação intersecciocionista está certa. O sonho também pode ser real, como se lê no mesmo trecho: "Ah, quantas vezes os meus próprios sonhos se me erguem em coisas"[18].

Tudo é real, eis o Sensacionismo.

18. *Idem, ibidem.*

IX

O Sensacionismo e a Questão do Autor

1. É no momento em que o grupo paúlico se constitui e a produção de *Orpheu* está em marcha que Pessoa elabora a poética do Sensacionismo e cria o sistema dos heterônimos: Alberto Caeiro, Ricardo Reis e Álvaro de Campos, mas também Fernando Pessoa, na medida em que ele se assumirá tão discípulo de Alberto Caeiro como os outros dois.

Em 5 de junho desse ano de 1914 escreve à mãe, então em Pretória, uma carta dizendo, curiosamente, que à sua volta "está-se tudo afastando e desmoronando". E explica ainda à mãe que os amigos lhe dizem que ele será "um dos maiores poetas contemporâneos"[1]. E repare-se que Pessoa não acrescenta: "portugueses".

2. Uma das posições mais abrangentes do tema da sensação que se pode encontrar em Pessoa está num fragmento do seu conto "No Jardim de Epicteto": "Mais vale, filhos, a sombra de uma árvore do que o conhecimento da verdade, porque a sombra da árvore é verdadeira enquanto dura, e o conhecimento da ver-

---

1. *Correspondência 1905-1922*, pp. 115-116.

dade é falso no próprio conhecimento"[2]. Assim, a única verdade é a sensação.

Mas deve notar-se que a arte e a poesia, por sua vez, dependem da razão, e é por isso que, nos anos 1930, Pessoa caracteriza esse entendimento poético com o verbo "fingir". É que a própria possibilidade de expressão depende de uma hiperconsciência, ou "consciência da consciência", segundo um esquema de 1914:

A base de toda a arte é a sensação [...].
(1) A sensação, puramente tal.
(2) A consciência da sensação, que dá a essa sensação um valor, e, portanto, um cunho estético.
(3) A consciência dessa consciência da sensação, de onde resulta uma intelectualização de uma intelectualização, isto é, o poder de expressão[3].

3. Sendo uma operação decisiva para a escrita artística ou, afinal, para toda a expressão, podem, no entanto, encontrar-se na obra de Pessoa múltiplas exemplificações do tema da "consciência da consciência" como um mal. Por exemplo: "Sofri sempre mais com a consciência de estar sofrendo que com o sofrimento de que tinha consciência"[4]. E em Alberto Caeiro sobretudo, pois "pensar é não compreender"[5]. Assim a sensação e o raciocínio são o duplo fulcro contraditório do Sensacionismo.

4. Numa carta a Armando Côrtes-Rodrigues, Pessoa expõe como se sente em janeiro de 1915, isto é, como vê a sua literatura – já constituída segundo o sistema heteronímico – em relação à sua vida:

2. *Pessoa Inédito*, p. 429.
3. *Páginas Íntimas*, p. 192.
4. *Livro do Desassossego*, p. 123.
5. *Poesia de Alberto Caeiro*, p. 24.

Regresso a mim. Alguns anos andei viajando a colher maneiras-
-de-sentir. Agora, tendo visto tudo e sentido tudo, tenho o dever de me
fechar em casa no meu espírito e trabalhar, quanto possa e em tudo
quanto possa, para o progresso da civilização e o alargamento da consciência da humanidade[6].

Essas "maneiras-de-sentir" são organizadas em torno de figuras
que as sintam, e para o poeta fica a necessidade, não de fingir o que
não sente, mas de sentir o que finge. Assim se coloca no lugar do
outro e se identifica com o outro. Como dirá em "Diário Lúcido",
texto não datado e atribuído a Vicente Guedes, publicado em 1938:
"Conceber-me de fora foi a minha desgraça"[7]. O que manifesta a sua
extrema atenção à personalidade como construção. E, mais uma vez,
a importância fundamental da "consciência da consciência".

5. Uma palavra – associável ao sonho – que pode definir a
poética de Pessoa (e Sá-Carneiro) é *ampliação*. Esta palavra, que
tem uma nuance geométrica acentuada, e que indica o trabalho de
intensificação do sentido que os simbolistas põem em jogo, pode
ser exemplificada pelo Saudosismo de Teixeira de Pascoaes. Assim,
como vimos, três elementos caracterizam a Nova Poesia Portuguesa nos artigos que Pessoa publica em 1912. O *vago* tem a ver com
objetos inefáveis: é a "música" dos simbolistas ou a dissolução do
sentido. O *subtil* é uma intensidade: é a "intelectualização de uma
ideia" ou a "emocionalização de uma emoção". O *complexo* obtém-
-se pela mistura da sensação com a ideia e a emoção.

Mas deve concluir-se, portanto, que o melhor exemplo da
poética da ampliação será o Sensacionismo, com as suas compo-
nentes paúlica (o vago) e interseccionista (o complexo). Só com
um elemento a mais, que transforma por completo a escrita poé-

6. *Correspondência 1905-1922*, p. 142.
7. *Livro do Desassossego*, p. 437.

78 INTRODUÇÃO AO ESTUDO DE FERNANDO PESSOA

tica em questão, e que torna fáceis de distinguir o Saudosismo e o Sensacionismo: o elemento da Vanguarda, que intensifica ao extremo a consciência formal. A Vanguarda é o elemento *subtil* que leva à revolução das formas.

6. Para Pessoa, o Sensacionismo é "um subjetivismo, como o romantismo", e designa assim os elementos poéticos que o constituem: "O que começou com Walt Whitman", "O que começou com os simbolistas" e "O que começou no cubismo e no futurismo"[8]. No esboço de uma carta a um editor inglês, a quem quer propor uma antologia da poesia sensacionista portuguesa, acrescenta ainda um quarto elemento, "o panteísmo transcendentalista português"[9]. O objetivo declarado desse movimento seria, então, fazer a síntese de toda a experiência poética moderna, de Whitman ao Futurismo, incluindo Teixeira de Pascoaes. E, no esboço de uma resposta a um inquérito literário, em que se trata de definir o Sensacionismo, lemos:

> A uma arte assim cosmopolita, assim universal, assim sintética, é evidente que nenhuma disciplina pode ser imposta, que não a de sentir tudo de todas as maneiras, de sintetizar tudo, de se esforçar por de tal modo expressar-se que dentro de uma antologia da arte sensacionista esteja tudo quanto de essencial produziram o Egito, a Grécia, Roma, a Renascença e a nossa época. A arte, em vez de ter regras como as artes do passado, passa a ter só uma regra – ser a síntese de tudo.
>
> Que cada um de nós multiplique a sua personalidade por todas as outras personalidades[10].

Esta passagem termina com uma ideia fundamental que faz confluirem o Sensacionismo e a heteronímia. Assim, um e

8. *Pessoa Inédito*, p. 267.
9. *Páginas Íntimas,* pp. 127-128.
10. *Idem,* p. 124.

a outra seriam a vontade de síntese moderna das experiências clássica e romântica.

7. O Sensacionismo, por outro lado, inclui o Paulismo e o Interseccionismo. Pessoa expõe isso mesmo num esquema que apresenta as suas três dimensões: o Sensacionismo a uma dimensão é o Sucedentismo ou Paulismo, exemplificado por "Hora Absurda"; o Sensacionismo a duas dimensões é o Interseccionismo, exemplificado pela "Chuva Oblíqua"; o Sensacionismo a três dimensões é o integral ou "fusionista", de que "O Marinheiro" é exemplo[11]. Há ainda um outro esquema em que o Interseccionismo é classificado como um "Sensacionismo analítico"[12].

Portanto, o Paulismo que vemos desenvolver-se durante o ano de 1913 dá lugar em 1914 ao Interseccionismo, que é a especificação de um processo de escrita inspirado pelo geometrismo cubista, e, finalmente, ao Sensacionismo que integra os outros dois. Mas, em 1915, quando o Sensacionismo já é dominante, Fernando Pessoa ainda escreve um poema interseccionista, "Second Sight"[13]. Porque o Sensacionismo e o Interseccionismo são faces da mesma poética.

8. O Sensacionismo é o projeto de um movimento (há um artigo de *Exílio* que se intitula "Movimento Sensacionista", em 1916). Além de Fernando Pessoa e de Álvaro de Campos, também Almada a ele aparece explicitamente ligado (assina "A Cena do Ódio" como "poeta sensacionista e Narciso do Egito"). Mas o "movimento sensacionista português" – de que Cesário Verde é o precursor – realiza-se, de fato, apenas com o nascimento dos heterônimos, nos quais consiste: Caeiro como "poeta da Natureza",

---

11. *Obra Poética*, p. 25.
12. *Sensacionismo*, p. 151.
13. *Poesia Inglesa* II, p. 84.

80   INTRODUÇÃO AO ESTUDO DE FERNANDO PESSOA

Reis como descobridor da "fórmula neoclássica", e Campos como revelador da essência dos "modernistas": "Cada um destes três poetas realizou uma coisa que há muito se andava procurando por essa Europa fora, e em vão"[14]. É, pois, com a criação dos heterônimos que o Sensacionismo ganha sentido.

9. Desde o Romantismo que a questão poética do Eu ganha nova importância. Cerca de 1800, Fiedrich Schlegel escreve: "E não existem indivíduos que contêm em si sistemas inteiros de indivíduos?"[15] Depois, é talvez em Rimbaud que a crise do sujeito conhece a sua expressão mais célebre: "EU é um outro", como escreve numa carta em 1871. Quanto a Mallarmé, ele define no fim de século a "desaparição elocutória" do poeta.

De todo o modo, para lá da desvalorização da figura do Autor levada a cabo pela poética simbolista (o "anonimato transcendental", segundo Foucault)[16], a construção dos heterônimos reencontra e renova outras linhas da poesia do século XIX no que ao sujeito poético diz respeito. Por exemplo, a de Keats: o poeta não tem identidade, é como um camaleão, tem a capacidade proteica de se tornar os outros, de se moldar por completo aos outros[17].

Ao abrir do século XX, na altura em que as Vanguardas vão eclodindo por toda a Europa, a psicanálise, com a teoria do inconsciente e a criação de termos clínicos como "esquizofrenia", coloca na ordem do dia o tema da clivagem do Eu. Por seu turno, aquela que é a primeira Vanguarda histórica, o Futurismo, assenta boa parte da sua teoria na destruição do Eu psicológico. Mais, proclama as *palavras em liberdade* como um dinamismo de imagens e sons próprio de um homem novo, múltiplo, mecânico,

---

14. *Sensacionismo*, p. 145.
15. "Fragments critiques", p. 133.
16. *O que É um Autor?*, p. 40.
17. Manuel Gusmão, in *Dicionário de Fernando Pessoa*, pp. 40-42.

O SENSACIONISMO E A QUESTÃO DO AUTOR

com eletricidade nas veias, sem nada de subjetivo ou sequer de individual.

Depois, a questão da "despersonalização", na palavra de Pessoa, entendida no sentido de escrita na pessoa de outro, tem exemplos em nomes grandes como Maiakovski, Valéry, Pound ou Eliot. Ou Browning, que desenvolve a tradição do lirismo dramático do Romantismo.

10. Dá-se também, na tradição romântica, uma valorização paradoxal do autor. O *egotistical sublime* de Wordsworth é a tradição do poeta como poderoso dínamo de emoção transbordante, aquela mesma figura que no *Livro do Desassossego* é referida como "a personagem individual e imponente, que os românticos figuravam em si mesmos"[18]. Mas o fato é que esta transformação do autor em grande vate potencia o aparecimento das primeiras fraudes associadas a essa figura magnífica: ainda no século XVIII, o falso bardo Ossian de James Macpherson ou o falso frade Rowley de Thomas Chatterton. Fraudes que obtêm um crédito e uma influência enormes no seu tempo. Nestes casos, o autor mostra, com toda a evidência, ser uma personagem de certo tipo (quer dizer, ainda nos termos de Foucault, uma função do texto)[19].

11. Os jogos de ilusão em torno da noção de autor têm, em Portugal, uma história particular. Na aurora do Romantismo, Almeida Garrett publica sob o nome de João Mínimo, autor de quem inventa a biografia, a sua *Lírica* de 1829. No dealbar da Geração de 70, surge nos jornais Carlos Fradique Mendes, um poeta moderno leitor de Baudelaire que não é senão uma invenção coletiva de Antero de Quental, Eça de Queirós e Jaime Batalha Reis. Vinte anos mais tarde, em 1891, um tal Luiz de Borja publica

---

18. *Livro do Desassossego*, Ed. Jacinto do Prado Coelho, I, p. 42.
19. *O que É um Autor?*, pp. 46-57.

no Porto o folheto *Os Nefelibatas*, mas, de fato, ele é o nome de um coletivo, neste caso fruto da colaboração de Raul Brandão, Júlio Brandão e Justino de Montalvão. Em *Os Nefelibatas* chega a fazer-se referência a poetas, R. Maria e K. Maurício, que não existem senão como personagens, misturando-os com poetas que existem mesmo, como António Nobre ou Camilo Pessanha. E pouco depois, num artigo de 1893, o crítico simbolista Carlos de Mesquita dedica-se a comentar a obra de um poeta inexistente chamado Jerónimo Freire.

12. Dois livros há que podem ter constituído modelos da invenção dos heterônimos: *O Livro de Cesário Verde* (3ª ed. 1911) e as *Trovas do Bandarra* (de que Pessoa possui a edição de 1866). Em ambos os casos o nome do autor se torna parte integrante do título, sugerindo assim a ficcionalização dessa figura. Tal como noutro clássico, cujo título original é *Saudades de Bernardim Ribeiro*.

No mesmo sentido agem duas polêmicas que o jovem Pessoa bem conhece, e se iniciam ainda no século XVIII. Uma em torno da existência histórica de Homero, que se discute ser apenas um nome, sem ter sido ninguém em particular, dado os "cantos homéricos" serem de transmissão oral. Outra, já referida, em torno da verdadeira autoria das obras de Shakespeare, discutindo a possibilidade de o autor delas poder ser, por exemplo, Francis Bacon, teoria que Pessoa partilha em certos textos. Ambas iluminam a figura do autor como uma personagem da sua própria obra, e como o resultado de uma atribuição.

13. Lê-se numa carta de Sá-Carneiro a Pessoa de 6 de maio de 1913: "Muito interessante e subtil o que diz sobre o Beirão. Concordo plenamente com a necessidade de mais de um estilo"[20]. E há uma discussão recorrente, nas cartas que trocam, em tor-

---

20. *Cartas a Fernando Pessoa* I, p. 115.

no do desdobramento e do transviamento. Como, mais tarde, Sá-Carneiro escreve numa carta a Pessoa de 24 de agosto de 1915, referindo-se a poemas de Pessoa e a um conto por ele publicado no seu livro *Céu em Fogo*: "Nunca, como lendo as suas páginas hoje recebidas, eu compreendi a misteriosa frase do protagonista do EU-PRÓPRIO O OUTRO! '*Ter-me-ei volvido uma nação?*'"[21]

Assim ficamos a conhecer o entendimento que Pessoa e Sá--Carneiro têm da sua *dispersão* interior, que é o mesmo que dizer da ascensão dos duplos que formam grande parte da sua temática e do tom particular da sua literatura comum. O sujeito lírico, o Poeta, o Eu que a tradição romântica mostrara heroico e pleno, é colocado pelos dois na lamela do microscópio. E aí é observado como um objeto, um sujeito-objeto que se dispersa. E se desdobra.

14. A criação dos heterônimos é animada de uma forte coerência, mas é também uma apoteose da montagem. Em 1915, é anunciado no *Orpheu* 1 um livro de Álvaro de Campos intitulado *Arco de Triunfo*, que seria constituído por aquelas a que chama as odes sensacionistas, duas das quais publicadas na revista (a "Triunfal" e a "Marítima"). Nessas odes, Álvaro de Campos esforça-se, seguindo a lição do mestre Caeiro, por se concentrar no mundo exterior. No entanto, elas acabam por envolver tanto o mundo interior quanto o exterior, caldeando-os num torvelinho. A tal ponto que, mais tarde, escreverá que o mundo é "a mesma coisa variada em cópias iguais"[22].

A vertigem sensacionista, que parte do desejo de "ser toda a gente e toda a parte" ("Ode Triunfal"), termina na consciência de ser apenas um composto de elementos díspares. É o que

21. *Cartas a Fernando Pessoa*, II, p. 69.
22. *Poesia de Álvaro de Campos*, p. 455.

84 INTRODUÇÃO AO ESTUDO DE FERNANDO PESSOA

já se lê, no caso de Álvaro de Campos, na sua própria definição: "um Walt Whitman com um poeta grego lá dentro"[23]. Que lembra aquela outra definição que dá, no esboço de uma carta a um editor inglês, do poeta-tipo da Nova Poesia Portuguesa: "um William Blake dentro da alma de Shelley"[24]. Como lembra ainda a definição de Alberto Caeiro como um "Pascoaes virado do avesso, sem o tirar do lugar onde está"[25], ou a de Ricardo Reis como um "Horácio grego que escreve em português"[26].

Mas os heterônimos dialogam entre si, discutem pontos de teoria do conhecimento, definições da arte, posições políticas, formas religiosas, conhecem-se e ganham lugar no grupo que formam. Toda a fragmentação se resolve num sistema perfeito de relações e diferenças.

15. Alberto Caeiro e Álvaro de Campos seguem uma poética da espontaneidade; Ricardo Reis e Fernando Pessoa uma poética da contemplação. Alberto Caeiro e Álvaro de Campos (mais Bernardo Soares) estão do lado do Sensacionismo – Ricardo Reis e Fernando Pessoa (mais António Mora) do lado do Neopaganismo.

Por outro lado, estabelece-se, segundo Álvaro de Campos, uma conexão precisa entre heteronímia e Neopaganismo:

> O meu mestre Caeiro não era um pagão: era o paganismo. O Ricardo Reis é um pagão, o António Mora é um pagão, eu sou um pagão; o próprio Fernando Pessoa seria um pagão, se não fosse um novelo embrulhado para o lado de dentro[27].

23. *Páginas Íntimas*, p. 149.
24. *Idem*, p. 136.
25. *Idem*, p. 337.
26. *Poesia de Ricardo Reis*, p. 229.
27. *Notas para a Recordação*, p. 42.

O SENSACIONISMO E A QUESTÃO DO AUTOR

16. A extraordinária síntese entre sensação e sonho pode ser lida num dos últimos poemas publicados por Pessoa, em maio de 1934 na *presença*:

EROS E PSIQUE

> *... E assim vedes, meu Irmão, que as verdades que vos foram dadas no Grau de Neófito, e aquelas que vos foram dadas no Grau de Adepto Menor, são, ainda que opostas, a mesma verdade.*
>
> Do ritual do grau de Mestre do Átrio na Ordem Templária de Portugal

Conta a lenda que dormia
Uma Princesa encantada
A quem só despertaria
Um Infante, que viria
De além do muro da estrada.

Ele tinha que, tentado,
Vencer o mal e o bem,
Antes que, já libertado,
Deixasse o caminho errado
Por o que à Princesa vem.

A Princesa Adormecida,
Se espera, dormindo espera.
Sonha em morte a sua vida,
E orna-lhe a fronte esquecida,
Verde, uma grinalda de hera.

Longe o Infante, esforçado,
Sem saber que intuito tem,
Rompe o caminho fadado.
Ele dela é ignorado.
Ela para ele é ninguém.

Mas cada um cumpre o Destino –
Ela dormindo encantada,
Ele buscando-a sem tino
Pelo processo divino
Que faz existir a estrada.

E, se bem que seja obscuro
Tudo pela estrada fora,
E falso, ele vem seguro,
E, vencendo estrada e muro,
Chega onde em sono ela mora.

E, inda tonto do que houvera,
À cabeça, em maresia,
Ergue a mão, e encontra hera,
E vê que ele mesmo era
A Princesa que dormia.

Aqui se formula, a partir de uma epígrafe templária e do mito grego convocado (o arco temporal das referências representa uma larga experiência humana), a intersecção do corpo e do espírito, do amor e da alma, do masculino e do feminino. O subjetivo e o objetivo unificam-se nesse contato através dos sentidos: sujeito e objeto comunicam entre si através da sensação, não há diferença entre o Eu e o mundo.

Vinte anos depois do Sensacionismo, este poema reafirma a mesma ideia nuclear. Curioso sistema poético em que a síntese e o desdobramento são uma e a mesma coisa.

X
Simbolismo e Vanguarda em *Orpheu*

1. Pessoa e Mário de Sá-Carneiro têm o projeto de uma revista, *Lusitânia*, depois mudado em *Europa*, mudança que denota a ideia cosmopolita que os move. Daí a *Orpheu* vai apenas um acerto de projeto para uma revista de poesia e pintura europeia e luso-brasileira. São publicados dois números em 25 de março e 28 de junho de 1915, marcados pelas figuras de Fernando Pessoa, Sá-Carneiro – e Álvaro de Campos.

2. A situação de *Orpheu* pode ser vista como estabelecendo uma charneira entre tendências fortes da literatura do século XIX, como o Simbolismo, e a geração seguinte, de que a *presença* é a revista emblemática e Vitorino Nemésio será talvez a figura mais forte[1]. Mais geralmente, é entendida como um gesto de ruptura, de que a reação pública contemporânea é o sinal.

Acrescenta Almada[2]: "*Orpheu* queria denominador comum da unidade de todas as artes". A presença prevista de Amadeo no nº 3, tal como a de Santa Rita no nº 2, bem como o espírito de um

---

1. Paula Morão, "Na Senda de *Orpheu* – Alicerces e Consequências".
2. "Amadeo de Souza-Cardoso", p. 224.

88   INTRODUÇÃO AO ESTUDO DE FERNANDO PESSOA

grupo, na sua sintonização com a Vanguarda europeia, marcam a sua ambição artística.

Se pensarmos *Portugal Futurista* como vindo na sequência de *Orpheu*, a qualidade performativa da conferência no Teatro República ou o manifesto dos Bailados Russos acrescentam-lhe ainda um maior grau de complexidade artística. Que há de expandir-se para a arquitetura, a arte pública e a música na década seguinte (o *Catálogo do I Salão dos Independentes*, em Lisboa, 1930, oferece uma boa panorâmica do movimento desencadeado por *Orpheu*)[3].

3. Alberto Caeiro começa por ser uma espécie de código de reconhecimento de um grupo restrito: numa carta a Côrtes-Rodrigues de 4 de outubro de 1914, diz Pessoa que apenas Sá-Carneiro, Guisado e o próprio Côrtes-Rodrigues sabem "a verdade do caso Caeiro". E apenas esses deveriam colaborar na *Antologia do Interseccionismo* que nessa mesma carta se congemina. É na altura em que Pessoa põe a hipótese de apresentar publicamente, mediante artigos vários e uma entrevista, Alberto Caeiro como um poeta realmente existente, vivendo em Vigo, na Galiza[4]. Projeto que rapidamente põe de lado.

4. "A nossa revista acolhe tudo quanto representa a arte avançada; assim é que temos publicado poemas e prosas que vão do ultrassimbolismo até o futurismo"[5], escreve Pessoa a Camilo Pessanha ao pedir-lhe colaboração para *Orpheu*. Pela mesma altura, em carta a um editor inglês, já fala em literatura "from a quasi-futurism to what we here call intersectionism"[6]. E numa carta a

---

3. Reproduzido em Mário Cesariny, *Vieira da Silva*, pp. 103-122.
4. *Pessoa por Conhecer*, pp. 392-401.
5. *Correspondência 1905-1922*, p. 184.
6. "[...] de um quase-futurismo até aquilo que nós chamamos interseccionismo", *idem*, p. 189.

Unamuno (de 26 de março de 1915): "temos a consciência absoluta da nossa originalidade e da nossa elevação".

No entanto, há dois sentidos para *Orpheu*. Um é o da revista concreta que tem dois números em março e junho de 1915, consegue um êxito de gargalhada junto do público e dura enquanto o pai de Sá-Carneiro está disposto a financiá-la. É o veículo de um grupo lisboeta. E é a partir da tomada de consciência desse grupo que nasce o outro *Orpheu*, que é o nome do movimento que constitui a explosão portuguesa da Vanguarda. Com centro em Pessoa, pela grande complexidade e variedade das suas publicações de 1912 a 1919, mas também em Sá-Carneiro, que tem já publicados cinco livros e corporiza a Vanguarda como "doença-de-Novo", e em Almada Negreiros, mestre de artes – literatura, teatro, pintura – que permanece durante sessenta anos ativo num alto nível de produtividade e coerência. A este segundo *Orpheu* também chamamos Modernismo.

A leitura dos dois números mostra também um duplo aspecto de *Orpheu*. O primeiro, correspondendo ao nº 1, exibe nas páginas desse número raízes simbolistas francesas, como Maeterlinck para "O Marinheiro" de Pessoa ou Mallarmé para os poemas de Ronald de Carvalho. Essa herança é valorizada pelo grupo a tal ponto que é o grupo de *Orpheu* que edita pela primeira vez um número significativo de poemas de Ângelo de Lima, no nº 2, um simbolista maldito, que Albino Forjaz de Sampaio apresenta anos antes como "poeta de Rilhafoles", e também o quase desconhecido Camilo Pessanha, numa revista que continua o movimento de *Orpheu* em 1916, a *Centauro*.

O *Orpheu* 2 muda para uma atitude radical. A colaboração dos simbolistas Eduardo Guimarães ou Luís de Montalvor é muito reduzida. A presença do gesto plástico vê-se logo na capa, repercute-se nas composições de Santa Rita no corpo da revista, manifesta-se nos poemas vanguardistas de Sá-Carneiro e Álvaro de Campos, e até se pode ler no título do longo poema interseccionista de Pessoa: *Chuva Oblíqua*. Muda-se também a característica luso-brasileira pela qual se apresentara o primeiro número da revista, com dois diretores, um em Lisboa, Luís de Montalvor, outro no Rio de Janeiro, Ronald de Carvalho. No nº 2 já aparecem os nomes de Fernando Pessoa e Mário de Sá-Carneiro no lugar dos anteriores diretores – que nunca de fato o tinham sido. Depois, como o primeiro número provoca um coro de protestos e sarcasmos violentos, apesar de se dar a ler segundo uma pauta reconhecível, nada mais inútil do que manter essa fórmula no segundo número, e a força de *Orpheu* consiste em ter sido capaz de usar a péssima recepção pública como incentivo.

Orpheu só parece possível, aos olhos de hoje, se assente num grupo autêntico, mesmo fugaz. É verdade que dois dos seus membros, Álvaro de Campos e Violante de Cysneiros, não existem. Mas não se podem esquecer, além dos já citados, Raul Leal ou Amadeo, a quem o nº 3, se tivesse chegado a publicar-se, haveria dado o lugar que lhes pertencia.

5. Entretanto, a pintura, primeira arte da Vanguarda, ganha um papel de relevo em *Orpheu*. Quer dizer, a nova poesia em *Orpheu* 1 pode ser assinada pelo "desenhador" Almada, ou, no nº 2, para lá da colaboração plástica de Santa Rita, pode tornar-se ela mesma pintura nos poemas de inspiração futurista "Manucure" e "Ode Marítima", em que é tão importante a exercitação de uma eficácia gráfica.

6. Não há certezas quanto às razões da súbita fuga de Sá--Carneiro para Paris logo a seguir ao *Orpheu* 2. Em carta a Pessoa de 13 de setembro de 1915, Sá-Carneiro explica que *Orpheu* tem de acabar porque ele não pode continuar a pedir ao pai que pague a revista. Mas a razão financeira não é a única. Num volume de correspondência de Sá-Carneiro publicado em 1992, uma

SIMBOLISMO E VANGUARDA EM *ORPHEU*

carta ao pai (de Paris, outubro de 1915) esclarece: "Mesmo não imagina como estou farto dessas 'empresas' – e o tédio que tinha ultimamente já em Lisboa de *Orfeus* etc. Para me ver livre de tudo isso, creia que foi uma das razões por que vim para aqui"[7]. Assim, *Orpheu* como acontecimento cultural virou-se contra *Orpheu* como ato poético.

Sabe-se que, entretanto, ao longo de 1916 e 1917, a revista pôde parecer viável, e que um terceiro número chega mesmo a estar em provas tipográficas finais na sua quase totalidade[8]. Mas um *Orpheu* 3, na Lisboa de então, é impossível.

7. O *Orpheu* 3, se tivesse chegado a sair, teria sido apresentado como o órgão do Sensacionismo. Pessoa chega a fazer esboços de um manifesto e de todo um projeto de lançamento internacional desse "ismo"[9]. A 21 de setembro de 1915, numa carta a Santa Rita em que recusa (com o acordo de Sá-Carneiro) o oferecimento, por ele feito, de financiar o *Orpheu* 3, Pessoa define-a, de modo assertivo, como "revista sensacionista"[10].

8. Há um texto de 1915 em que o nome de Fernando Pessoa já é usado com dois sentidos diferentes: primeiro, como o poeta amigo de Sá-Carneiro, depois como um poeta simbolista, bem distinto do vanguardista Álvaro de Campos:

O Sensacionismo começou com a amizade entre Fernando Pessoa e Mário de Sá-Carneiro. [...] Fernando Pessoa e Mário de Sá-Carneiro estão mais próximos dos simbolistas. Álvaro de Campos e Almada Negreiros são mais afins da moderna maneira de sentir e de escrever[11].

7. *Cartas a Maria*, pp. 65-66.
8. Publicadas em fac-símile por José Augusto Seabra em 1983.
9. *Sensacionismo*, pp. 65-95.
10. *Correspondência 1905-1922*, p. 173.
11. *Páginas Íntimas*, p. 148.

Assim o Sensacionismo se pode tornar um quase sinônimo de *Orpheu*.

9. Aquele que Pessoa define a Côrtes-Rodrigues, em carta de 2.9.1914, como o "Álvaro futurista" é, com Almada e Amadeo, o elo mais notável entre a Vanguarda portuguesa e a Vanguarda europeia. E o mais duro episódio da polêmica de *Orpheu* teve como protagonista Álvaro de Campos e uma sua carta a *A Capital*, datada de 6 de julho de 1915, em que o que se assina "engenheiro e poeta sensacionista" reage ao anúncio de uma "récita planeada pelos futuristas de *Orpheu*" com violência, recusando a apelidação de futurista.

O jornal só transcreve uma parte da carta, em que Campos faz referência ao acidente num carro elétrico que ferira Afonso Costa: "De resto, seria de mau gosto repudiar ligações com o futurismo numa hora tão deliciosamente mecânica em que a própria Providência Divina se serve dos carros elétricos para os seus altos ensinamentos"[12].

Essa carta de Álvaro de Campos tem um efeito tal, num contexto de luta política em que a figura de Afonso Costa tem grande protagonismo, que os poetas de *Orpheu* escrevem ato contínuo para o jornal a dessolidarizar-se dele, entre os quais Alfredo Guisado, Almada e o próprio Sá-Carneiro. Aliás, o insulto não ia direito só a Afonso Costa, mas antes começa por se dirigir aos jornalistas, assim:

[...] direi que o drama que tencionamos representar se chama "Os Jornalistas", que é um estudo sintético do jornalismo português, e que, como (em parte) V. Exa. diz, se veem apenas os doze pés dos três jornalistas que estão em quase-cena"[13].

12. *Fotobibliografia*, p. 63.
13. *Fernando Pessoa, Hóspede e Peregrino*, p. 205.

Deste modo, são feitas na carta referências à mais candente atualidade futurista: o manifesto *O Teatro Futurista Sintético*, de Marinetti, Settimelli e Corra, é publicado em janeiro de 1915, e, a 1º de fevereiro desse mesmo ano, representam-se dez sínteses teatrais em Ancona, numa sessão tumultuosa – uma delas sendo *As Bases*, de Marinetti, em que, precisamente, se mostram apenas os pés dos atores por sob a cortina quase toda descida.

10. Almada escreve em 1965 sobre *Orpheu*:

> Uma característica do *Orpheu* (a qual chegou a ser hilariante) era a de perpassar por uma série infindável de ismos. E tanto mais infindável quanto no *Orpheu* era o encontro das letras e da pintura, cada uma com a sua série infindável de ismos[14].

Curiosa e importante esta definição de *Orpheu*, sobretudo porque Almada compara no mesmo texto essa revista com *A Águia*, que diz monotonamente saudosista. É como se *Orpheu* fosse uma antena que captasse e retransmitisse as ondas que agitam a Europa, sendo valorizada a sua variedade.

E é aqui que surge a ideia de *Orpheu* como um agregado ocasional de indivíduos, ideia que foi depois muito repetida por vários críticos:

> Os inesquecíveis companheiros do "Orpheu" foram os meus precisamente por nos ser comum uma mesma não-identidade, um mesmo escorraçar comum que a vida nos fazia. Absolutamente mais nada de comum. Éramos reclusos na mesma célula de prisão[15].

Mas, afinal, esta mesma descrição aponta o dedo para uma partilha fundamental de que a revista e o movimento se faz: o mesmo desejo de Arte, a mesma doença-de-Novo[16].

14. *Orpheu 1915-1965*, p. 24.
15. *Orpheu 1915-1965*, p. 3.
16. Cf. Sá-Carneiro, *Verso e Prosa*, p. 32.

11. Um dos melhores exemplos do Modernismo português enquanto movimento compósito e contraditório está no poema "Saudade Dada": pastiche de Eugénio de Castro e dos seus malabarismos paronomásticos, e que é publicada, aparentemente a despropósito, no *Portugal Futurista*. Trata-se, ao mesmo tempo, de uma sátira do Simbolismo e de uma homenagem à atitude fundamental da Vanguarda:

> Em horas inda louras, lindas
> Clorindas e Belindas, brandas,
> Brincam no tempo das berlindas,
> As vindas vendo das varandas.
> De onde ouvem vir a rir as vindas
> Fitam a fio as frias bandas.
>
> Mas em torno à tarde se entorna
> A atordoar o ar que arde
> Que a eterna tarde já não torna!
> E em tom de atoarda todo o alarde
> Do adornado ardor transtorna
> No ar de torpor da tarda tarde.
>
> E há nevoentos desencantos
> Dos encantos dos pensamentos
> Nos santos lentos dos recantos
> Dos bentos cantos dos conventos...
> Prantos de intentos, lentos, tantos
> Que encantam os atentos ventos.

A carta a Côrtes-Rodrigues de 19.1.1915 – aquela em que diz que não eram "sérios" os "Pauis" – contém uma chave para o entendimento deste outro poema: neste caso, trata-se, mais uma vez, de desconstruir um certo Simbolismo pela homenagem excessiva que lhe faz. Por esse gesto, exibe a mesma vontade de

SIMBOLISMO E VANGUARDA EM *ORPHEU* 95

desistir das "coisas feitas para fazer pasmar" porque "não contêm uma fundamental ideia metafísica"[17].

Portanto, um poema como este é um resgate que tem de ser pago ao seu tempo, são aquelas "coisas feitas para fazer pasmar" que marcam a Vanguarda, mas levadas ao seu ponto de ruptura: *reductio ad absurdum*. E há ainda a hipótese, improvável mas não impossível, de este título, "Saudade Dada", conter uma deliberada mistura de provocação ao Saudosismo e homenagem a Dada.

17. *Correspondência 1905-1922*, p. 142

XI

O Mestre Caeiro

1. Nos primeiros meses de 1914, num processo que a Carta sobre a Gênese dos Heterônimos[1] concentra miticamente no dia 8 de março, Pessoa cria os heterônimos, com os nomes, as personalidades, as relações mútuas e as ideias respectivas. O Mestre, a figura fulcral de poeta, é Alberto Caeiro.

2. O processo poético em Alberto Caeiro é diferente dos outros, sobretudo de Fernando Pessoa ele mesmo: porque a sua poesia vem direta da sensação sem precisar da consciência, que deveria ser, segundo a fórmula do Sensacionismo, indispensável à expressão poética. Em Caeiro, no entanto, e num sentido forte do termo, a poesia é revelação.

3. Alberto Caeiro é o poeta-centro do drama heteronímico, a quem Ricardo Reis, Álvaro de Campos e o próprio Fernando Pessoa chamam Mestre, e que se caracteriza pela limpidez de tom e de escrita.

Conforme se lê na Carta sobre a Gênese dos Heterônimos, nasce em Lisboa em 1889, vive quase toda a sua vida numa quin-

---

1. Carta a Adolfo Casais Monteiro de 13 de janeiro de 1935.

ta do Ribatejo e morre em 1915 (com a mesma idade que Sá-Carneiro). Não chega a ter mais que a instrução primária, não exerce nenhuma profissão, "era de estatura média, e, embora realmente frágil (morreu tuberculoso), não parecia tão frágil como era". Usa a cara rapada – traço comum aos três heterônimos; "louro sem cor, olhos azuis; [...] morreram-lhe cedo o pai e a mãe, e deixou-se ficar em casa, vivendo de uns pequenos rendimentos. Vivia com uma tia velha, tia-avó"[2]. Solidão mitigada, vida simples no campo.

4. Alberto Caeiro é o nome de uma escrita e de uma filosofia novas. Eis como começa o poema xxviii do ciclo *O Guardador de Rebanhos*:

> Li hoje duas páginas
> Do livro dum poeta místico,
> E ri como quem tem chorado muito.

Estes versos podem ser entendidos como uma referência a Teixeira de Pascoaes e, até, como a expressão de uma definitiva ruptura com a fase saudosista de Pessoa. Mas a novidade do Mestre não o é só em relação ao grande poeta místico da geração anterior, também é aqui visado o próprio Pessoa de "Além-Deus". De fato, o jogo dialético entre as figuras da heteronímia começa com Alberto Caeiro, é ele que o institui e o rege. Ao longo de toda a sua obra, de resto, os discípulos referirão muitas vezes o mestre e o seu ensinamento – o Sensacionismo – citando alguns dos seus versos.

5. Deve lembrar-se logo de início o que António Mora escreve: "Na obra de Alberto Caeiro há mais uma filosofia do que uma arte. Reaparece nele a primitiva grega forma de filosofar

---

2. *Teoria da Heteronímia*, pp. 277-278.

pela poesia"[3]. E deve notar-se o que aponta Thomas Crosse, heterônimo inglês que se dedica a comentar e a traduzir, entre outros, Alberto Caeiro para inglês: "he never looks on [...] concrete *otherwise than abstractly*" ("nunca olha para o concreto *senão de modo abstrato*"). Acrescentando: "There is nothing less poetic, less lyrical than Caeiro's philosophical attitude" ("Não existe nada de menos poético, de menos lírico que a atitude filosófica de Caeiro"). E explicando, por fim, por meio de novo paradoxo: "his simplicity is full of intellectual complexity. He is poet purely of sense, but he seems to have his intellect put at his senses"[4] ("a sua simplicidade está cheia de complexidade intelectual. É um poeta inteiramente do sentir, mas parece ter o seu intelecto posto nos seus sentidos"). Aliás, este "Prefácio do Tradutor" de Thomas Crosse é uma peça essencial da crítica caeiriana.

Existem ainda outras observações sobre Alberto Caeiro que vão neste sentido paradoxal. Por exemplo, esta, não atribuída e sem data:

> O extraordinário valor da obra do sr. Alberto Caeiro está precisamente em ela ser obra de um místico materialista, de um abstrato que só trata das coisas concretas, dum ingênuo e simples que não pensa senão complexamente, dum poeta da Natureza que o é do espírito, dum poeta espontâneo cuja espontaneidade é o produto de uma reflexão profunda. No mero enunciado disto salta à inteligência a assombrosa originalidade do sr. Alberto Caeiro[5].

6. Um poema de *O Guardador de Rebanhos*, escrito em 1914 e publicado pela primeira vez em 1925, tem o número ix. É o poema-síntese de todo o ciclo, e, mesmo que fora de regra, é um soneto, com 14 versos e obedecendo a um princípio de simetria:

---

3. *Obras de António Mora*, p. 222.
4. *Idem*, p. 135.
5. *Pessoa por Conhecer*, pp. 396-397.

Sou um guardador de rebanhos.
O rebanho é os meus pensamentos
E os meus pensamentos são todos sensações.
Penso com os olhos e com os ouvidos
E com as mãos e os pés
E com o nariz e a boca.

Pensar uma flor é vê-la e cheirá-la
E comer um fruto é saber-lhe o sentido.

Por isso quando num dia de calor
Me sinto triste de gozá-lo tanto,
E me deito ao comprido na erva,
E fecho os olhos quentes,
Sinto todo o meu corpo deitado na realidade,
Sei a verdade e sou feliz[6].

Alberto Caeiro é o primeiro heterônimo, no sentido em que ele é o primeiro a surgir – segundo a didascália geral do "drama em gente" que é a Carta sobre a Gênese dos Heterônimos – e no sentido em que é ele o fulcro da heteronímia, sendo o lugar de Mestre que lhe é conferido pelos outros três (Álvaro de Campos, Ricardo Reis, Fernando Pessoa) a metáfora desse fulcro.

O êxtase que é referido na mesma carta como tendo sido o do seu criador – "numa espécie de êxtase cuja natureza não conseguirei definir"[7] – é de algum modo repetido neste poema de beatitude, em que nos é descrito o êxtase de um "místico materialista"[8].

No poema XXVIII, diz: "Por mim, escrevo a prosa dos meus versos"[9]. No entanto, a mais simples observação deste poema IX

6. *Poesia de Alberto Caeiro*, p. 42.
7. *Teoria da Heteronímia*, p. 278.
8. *Poesia de Alberto Caeiro*, p. 210.
9. *Idem*, p. 63.

O MESTRE CAEIRO

indica que nele existem mais regularidades e artifícios formais do que permite a consideração de um texto em prosa recortado na forma de versos.

Primeiro, embora em termos composicionais não obedeça a nenhum esquema rítmico ou rimático, o octossílabo do primeiro verso repete-se no último, sendo um e outro os momentos de plena afirmação do poema. Segundo, a estruturação estrófica apresenta duas sextilhas separadas por um dístico, o que é, sem dúvida, uma meia regularidade, sobretudo se dermos conta que cada uma das estrofes corresponde a um conjunto sintático e lógico.

O dístico intermédio constitui uma conclusão do tema duplo glosado na primeira estrofe, a oposição entre "pensamento" e "sensação", cada um dos versos do dístico sendo uma síntese entre os dois termos da oposição. E a frase "comer um fruto é saber-lhe o sentido" quer dizer duas coisas, consoante se ler no verbo "ter conhecimento" ou "ter o sabor".

Assim, a criação de Alberto Caeiro resolve aquela dissociação da sensibilidade de que fala T. S. Eliot quando opõe o sentir e o pensar. O modo da ligação que estabelece com a natureza (igual ao da "criança eterna" do poema oitavo do *Guardador de Rebanhos*) torna-se o símbolo de uma unidade recuperada. Parafraseando o ensaio que Ricardo Reis esboça para a sua obra, está em jogo na poesia do Mestre "o que quer que seja que é em nós mais profundo que o sentimento ou a razão"[10].

O aspecto quase didático deste poema é salientado pelo fato de obedecer ao modelo regra-exemplo. Assim, ao lado abstrato da primeira e segunda estrofes segue-se o lado concreto da terceira. Às palavras que referem o funcionamento da psique e dos sentidos segue-se uma cenografia simbólica em que um homem se situa perante a Terra e o Sol – a "erva" e o "calor".

10. *Páginas Íntimas*, p. 330.

INTRODUÇÃO AO ESTUDO DE FERNANDO PESSOA

Esta cena ainda sugere um afeto ancestral, radical: "Sinto todo o meu corpo deitado na realidade" (v. 13). E essa conversão do sensitivo no simbólico abre para a apoteose do último verso. Num dos centros de *O Guardador de Rebanhos*, este poema exemplifica em direto a *lição* do Mestre. É a reunificação do Eu, acme sensacionista do corpo e plenitude do conhecimento.

7. Se encararmos Orfeu como o mito do poeta, o título da revista central do Modernismo, *Orpheu*, parece indicar o retorno ao que é primeiro, ou essencial. E Alberto Caeiro, que é o fulcro da heteronímia, reproduz essa mesma tendência. O que ele faz, aquilo que o torna o Mestre, é como que um movimento *maior* do que a poesia. É, por um lado, uma ciência da sensação, e é, por outro lado, uma moral, uma aspiração à felicidade como bem supremo. Ou seja, Alberto Caeiro torna-se um moderno equivalente dos filósofos da Antiguidade, de Parmênides a Lucrécio, em quem ciência, filosofia e poesia coincidem.

8. Podemos dizer ainda, se seguirmos o que Alberto Caeiro propõe, que ele é alguma coisa diferente de poeta. E isto não somente porque substitui essa designação por outra que não é metáfora dela, "Eu nem sequer sou poeta: vejo"[11], mas também porque ele define a sua arte como exterior a ele, no poema de *O Guardador de Rebanhos* que contém a sua poética, o poema XLVI:

> Vou escrevendo os meus versos sem querer,
> Como se escrever não fosse uma coisa feita de gestos,
> Como se escrever fosse uma coisa que me acontecesse
> Como dar-me o sol de fora.

11. *Idem*, p. 105.

O MESTRE CAEIRO

Este não é um poeta fingidor. É feito de inspiração pura, escapa a todo o raciocínio, a toda a intelectualização. No interior da heteronímia, ele é o *outro* absoluto.

9. Pode fazer-se a propósito um exercício de leitura. Distinguir de Alberto Caeiro o gesto de Carlos Drummond de Andrade ao publicar o poema "No Meio do Caminho" na *Revista de Antropofagia* 3, em 1928, ficando a constituir um marco na história do Modernismo brasileiro:

No meio do caminho tinha uma pedra
tinha uma pedra no meio do caminho
tinha uma pedra
no meio do caminho tinha uma pedra.

Nunca me esquecerei desse acontecimento
na vida de minhas retinas tão fatigadas.
Nunca me esquecerei que no meio do caminho
tinha uma pedra
tinha uma pedra no meio do caminho
no meio do caminho tinha uma pedra.

Se lermos literalmente o poema de Carlos Drummond de Andrade, ele é, entre muitas outras coisas, uma tautologia paródica. E a "ciência de ver" de Alberto Caeiro tem alguns episódios aparentemente tautológicos também, como os noves versos do poema XXXV do *Guardador*, em que se repete cinco vezes a expressão "O luar através dos altos ramos".

Mas podem ler-se os poemas em que a "ciência de ver" se pratica e perceber-se que há, de fato, um processo de conhecimento: o poema em que se vê um homem a caminhar ao longe e nele se reconhece o primeiro homem[12]; ou o poema sobre a dis-

12. *Poesia de Alberto Caeiro*, p. 157.

104 INTRODUÇÃO AO ESTUDO DE FERNANDO PESSOA

sociação, ao mesmo tempo sensorial e conceptual, entre a borboleta, a sua cor e o seu movimento[13]; ou o poema sobre uma falsa brisa, que se sente só por desejar senti-la[14]; ou o poema sobre o tiquetaquear de um relógio que "ocupa a noite toda"[15].

O exercício da "ciência de ver" é libertador para Alberto Caeiro e para todos os seus discípulos, incluindo Fernando Pessoa, e está muito longe de ser uma contemplação simples da natureza, é, sim, um olhar inteligente. Tal ciência não é muito diferente, afinal, da que se encontra exposta neste excerto de um Pessoa racionalista:

> Os dados diretos dos sentidos são, em si mesmos, necessariamente limitados, pois cada um de nós é só quem é: não vê senão com os próprios olhos, nem ouve senão com os próprios ouvidos. [...] Vemos e ouvimos melhor – no sentido de mais completa e interessantemente – quanto mais ampla e informada é a inteligência que está por trás do nosso ver e ouvir. Por isso com razão disse Blake: "Um néscio e um sábio não veem a mesma árvore"[16].

Não são os olhos que veem, é o homem que vê com os olhos que tem, como diz Almada. Portanto, aquilo que há em Alberto Caeiro de transformador e único é a sua aprendizagem (ou desaprendizagem) de ver, isto é, de usar a inteligência dos sentidos.

10. Olhar não é o mesmo que ver. "Olhar" significa prescrutar, tatear, sondar, enquanto "ver" significa compreender, integrar, receber. Por isso em Alberto Caeiro o verbo empregue é ver – a "ciência de ver" – porque ver é uma compreensão e não apenas uma contemplação. E, mais ainda, o ver anula a inter-

---

13. *Idem*, p. 76.
14. *Idem*, p. 77.
15. *Idem*, p. 80.
16. *Páginas de Estética*, p. 129.

ferência dos dois campos, o interior e o exterior, manifestando a preponderância do exterior de tal modo que torna impossível qualquer forma de Interseccionismo:

Sim, antes de sermos interior somos exterior.
Por isso somos exterior essencialmente[17].

O ver de Caeiro é uma dissolução sensacionista do Eu na natureza, uma ciência da atenção.

11. Nas *Notas para a Recordação do meu Mestre Caeiro*, de Álvaro de Campos, lê-se uma afirmação clara da escola que a heteronímia constitui, e em que Alberto Caeiro toma o lugar de mestre: "Propriamente falando, Reis, Mora e eu somos três interpretações orgânicas de Caeiro"[18]. São interpretações não só díspares entre si como inconsistentes com o ensinamento do mestre, porque ele "excede [...] a nossa compreensão"[19]. Não que exceda a compreensão deles, claro, mas a compreensão em geral, entendida como o discursivo da razão.

Assim, Álvaro de Campos chama ao Mestre Caeiro "o semideus criança", diz dele também que "pensa infantilmente" e que é uma "criança crescida"[20]. Nos seus próprios poemas, Caeiro define-se a si mesmo "como uma criança antes de a ensinarem a ser grande"[21], e neles a criança adquire o estatuto de símbolo central – por exemplo, no poema VIII de *O Guardador de Rebanhos*. Ora, o símbolo da criança implica o prazer de brincar, além da circunstância de ver tudo pela primeira vez.

17. *Poesia de Alberto Caeiro*, p. 134.
18. *Notas para a Recordação*, p. 50.
19. *Idem*, p. 49.
20. *Idem*, pp. 174, 93, 82.
21. *Poesia de Alberto Caeiro*, p. 163.

106   INTRODUÇÃO AO ESTUDO DE FERNANDO PESSOA

Álvaro de Campos, nas suas notas sobre o Mestre, elabora deste modo o tema: "Envelhecer e morrer parecem ser para Ricardo Reis a súmula e o sentido da vida. Para Caeiro não há envelhecer, e morrer está para lá dos montes"[22]. Ele coincide consigo mesmo: vive e morre nas palavras que escreve.

12. O Mestre Caeiro vem transmitir aos seus discípulos, entre os quais Fernando Pessoa, uma "verdade" que se poderia designar mais precisamente por uma recusa do sentido como organização coerente do mundo. O Mestre Caeiro, afinal, é a refundação da linguagem da poesia. Vão-se os códigos simbólicos e restam coisas breves, peças soltas, sensações sem um todo, pequenos acontecimentos. É só uma ciência de ver.

A partir dela, e contra ela, os discípulos tentam tecer os seus discursos. *Grosso modo*: Ricardo Reis a partir do Classicismo; Fernando Pessoa a partir do Simbolismo; Álvaro de Campos a partir da Vanguarda.

Num "Prefácio" às *Ficções do Interlúdio* cuja data não deve andar longe de 1932, que é o ano em que Pessoa escreve a Gaspar Simões anunciando o projeto com esse nome, lê-se:

> Uns agem sobre os homens como a terra, soterrando-os e abolindo-os, e esses são os mandantes do mundo. Uns agem sobre os homens como o ar, envolvendo-os e escondendo-os uns dos outros, e esses são os mandantes do além-mundo. Uns agem sobre os homens como a água, que os ensopa e converte em sua mesma substância, e esses são os ideólogos e os filósofos, que dispersam pelos outros as energias da própria alma. Uns agem sobre os homens como o fogo, que queima neles todo o acidental, e os deixa nus e reais, próprios e verídicos, e esses são os libertadores. Caeiro é dessa raça. Caeiro teve essa força. Que importa que Caeiro seja de mim, se assim é Caeiro?

---

22. *Teoria da Heteronímia*, p. 184.

Assim, operando sobre Reis, que ainda não havia escrito alguma coisa, fez nascer nele uma forma própria e uma pessoa estética. Assim, operando sobre mim mesmo, me livrou de sombras e farrapos, me deu mais inspiração à inspiração e mais alma à alma. Depois disto, assim prodigiosamente conseguido, quem perguntará se Caeiro existiu?[23]

13. Numa das notas que Álvaro de Campos escreve sobre o Mestre Caeiro, no princípio dos anos 1930, há uma discussão sobre o que se deve entender por *realidade* que ilumina o Sensacionismo como teoria e também o modo de conhecimento que se chama poesia. Na discussão participam, além do narrador Álvaro de Campos, António Mora e Fernando Pessoa. Abre com uma observação deste último:

"No conceito de Ser não cabem partes nem gradações; uma coisa é ou não é." [...]

Nisto interrompeu o meu mestre Caeiro, que estivera ouvindo muito com os olhos esta discussão transpontina. "Onde não pode haver mais nem menos não há nada."

"Ora essa, porquê?" perguntou o Fernando.

"Porque tudo quanto é real pode ser mais ou menos, e a não ser o que é real nada pode existir."

"Dê um exemplo, ó Caeiro", disse eu.

"A chuva", respondeu o meu mestre. "A chuva é uma coisa real. Por isso pode chover mais e pode chover menos. Se v. me disser: 'esta chuva não pode ser mais e não pode ser menos', eu responderei, 'então essa chuva não existe'. A não ser, é claro, que v. queira dizer a chuva tal como é nesse momento: essa realmente é a que é e se fosse mais ou menos era outra. Mas eu quero dizer outra coisa..."

"Está bem, compreendi perfeitamente", atalhei eu.

Antes que eu prosseguisse, para dizer não sei já o quê, o Fernando Pessoa voltou-se para Caeiro: "Diga-me v. uma coisa" (e apontou com o cigarro): "como é que v. considera um sonho? Um sonho é real ou não?"

23. *Teoria da Heteronímia*, pp. 237-238.

108 INTRODUÇÃO AO ESTUDO DE FERNANDO PESSOA

"Considero um sonho como considero uma sombra", respondeu Caeiro inesperadamente, com a sua costumada prontidão divina. "Uma sombra é real mas é menos real que uma pedra. Um sonho é real – se não não era sonho – mas é menos real que uma coisa. Ser real é ser assim"[24].

A realidade com diferentes graus é a afirmação sensacionista da realidade de tudo. As *Notas para a Recordação* contêm algumas falas de Alberto Caeiro que são efabulações sobre a "ciência de ver". Sempre elípticas e alusivas, porque nesta discussão o que importa é compreender perfeitamente o que não se disse, dado que, precisamente, não pode ser dito.

14. Apenas Alberto Caeiro pode resolver a angústia metafísica que no *Fausto* se formula de modo exemplar:

O mistério supremo do Universo,
O único mistério, tudo e em tudo
É haver um mistério do universo,
É haver o universo, qualquer coisa,
É haver haver[25].

Mas, sobretudo, ele é o Mestre por oferecer alguma coisa que aos outros falta: a possibilidade de dizer Eu. Ele afirma-o com todas as letras, no poema XLVI do *Guardador de Rebanhos*: "Ainda assim, sou alguém". É, pois, o libertador das máscaras. Anuncia a verdade dos sentidos, a poesia da contemplação e a cura da angústia, e também a identidade e a unidade – que se manifesta no poema XXIX: "Mas sou sempre eu, assente sobre os mesmos pés". Embora seja claro que não é mais do que "um animal humano que a Natureza produziu", ele é nada menos que o "Descobridor da Natureza" (XLVI).

24. *Notas para a Recordação*, pp. 58-60.
25. *Fausto*, p. 11.

O ver de Alberto Caeiro não é apenas o exercício do sentir, é também a plenitude do sentido. Por exemplo, ouve o vento nas árvores, que é uma sensação, e conclui logo que, só para ouvir o vento nas árvores, "vale a pena ter nascido"[26].

15. Pode ler-se num dos "Poemas Inconjuntos" de Alberto Caeiro, datável de 1922[27]:

> Sim, escrevo versos, e a pedra não escreve versos.
> Sim, faço ideias sobre o mundo, e a planta nenhumas.
> Mas é que as pedras não são poetas, são pedras;
> E as plantas são plantas só, e não pensadores.
> Tanto posso dizer que sou superior a elas por isto,
> Como que sou inferior.
> Mas não digo isso: digo da pedra, "é uma pedra",
> Digo da planta, "é uma planta",
> Digo de mim "sou eu".
> E não digo mais nada. Que mais há a dizer?

Alberto Caeiro está no centro da heteronímia, e, no entanto, a sua poesia dirige-se contra toda a heteronimização. Para ele, que é o Mestre em relação ao qual todas as outras figuras se definem, uno e calmo, não existem desdobramentos, nem ambiguidades, nem paradoxos. Alberto Caeiro é o completo avesso de Pessoa.

---

26. *Poesia de Alberto Caeiro*, p. 104.
27. *Idem*, p. 145.

XII

Fernando Pessoa, Interseccionista

1. Seguindo a ordem por que são apresentados na Carta sobre a Gênese dos Heterônimos em 1935: a seguir ao "aparecimento" do Mestre Caeiro, Fernando Pessoa escreve "Chuva Oblíqua" como quem reivindica a sua própria existência[1].

2. Fernando Pessoa, segundo uma "Nota Biográfica" de 1935[2], do ponto de vista religioso é um "cristão gnóstico" e um "iniciado" no conhecimento esotérico. Existe nele um entusiasmo pela teosofia, pela revitalização do paganismo, pela astrologia. Tem a vertigem do oculto, do "Além-Deus". Essa é, de resto, uma marca do seu tempo, comum a muitos dos seus contemporâneos. É claro que se pode colocar a pergunta pertinente de saber se é de Fernando Pessoa ortônimo que podemos estar a falar neste momento, e não de Fernando António Nogueira Pessoa. Mas esta oscilação do sentido a atribuir a esse nome existirá sempre.

O nome Fernando Pessoa será aqui empregue apenas a respeito do poeta ortônimo e do que lhe diz respeito diretamente.

---

1. *Teoria da Heteronímia*, p. 278.
2. *Escritos Íntimos*, p. 252.

Para o criador histórico, aquele que escreveu à mão e à máquina os trinta mil documentos do espólio, assinados por mais de uma centena de nomes diferentes, reserva-se o nome mais simples de Pessoa.

3. A *dissociação da sensibilidade* que, segundo a já citada fórmula de T. S. Eliot, é a separação entre o pensar e o sentir que ocorre na poesia inglesa a partir do século XVII, ganha na poesia do ortônimo um caminho específico de resolução: o Interseccionismo. É isso que é sugerido num texto das *Notas para a Recordação do meu Mestre Caeiro*, em que Álvaro de Campos se distancia de Fernando Pessoa: "ao passo que no Fernando a sensibilidade e a inteligência entrepenetram-se, confundem-se, interseccionam-se, em mim existem paralelamente" (p. 53). E o próprio célebre verso de "A Ceifeira", "O que em mim sente 'stá pensando", é uma forma dessa resolução, como veremos. Pelo que Fernando Pessoa poderá ser definido como um interseccionista – como, de resto, Sá-Carneiro.

4. "A Ceifeira" é talvez o mais comentado poema de Pessoa. O título só figura na sua primeira publicação (*Terra Nossa*, em 1916). Quando volta a sair, em 1924, na *Athena*, o verso "O que em mim ouve está chorando" muda para a forma final "O que em mim sente 'stá pensando".

O motivo vem do poema *The Solitary Reaper*, de Wordsworth (que, por sua vez, o toma de Thomas Wilkinson): uma ceifeira (aliás, o símbolo tradicional da morte) canta numa língua desconhecida, e a beleza melancólica desse canto é tão forte que persiste na memória de quem a ouve depois de deixar de a ouvir:

> Ela canta, pobre ceifeira,
> Julgando-se feliz talvez;
> Canta, e ceifa, e a sua voz, cheia
> De alegre e anônima viuvez,

Ondula como um canto de ave
No ar limpo como um limiar,
E há curvas no enredo suave
Do som que ela tem a cantar.

Ouvi-la alegra e entristece,
Na sua voz há o campo e a lida,
E canta como se tivesse
Mais razões pr'a cantar que a vida.

Ah, canta, canta sem razão!
O que em mim sente 'stá pensando.
Derrama no meu coração
A tua incerta voz ondeando!

Ah, poder ser tu, sendo eu!
Ter a tua alegre inconsciência,
E a consciência disso! Ó céu!
Ó campo! Ó canção! A ciência

Pesa tanto e a vida é tão breve!
Entrai por mim dentro! Tornai
Minha alma a vossa sombra leve!
Depois, levando-me, passai![3]

Este é um *topos* pessoano (também presente, por exemplo, em Alberto Caeiro, "Pastor do monte, tão longe de mim com as tuas ovelhas"[4], ou "To One Singing"[5], do livro *The Mad Fiddler*) em que o momento de confronto Eu / Outro serve para pôr face a face o sentir e o pensar, a vida espontânea e a consciência.

Num metro raro na lírica portuguesa em geral, o octossílabo, uma diferença de tom é notável entre as duas metades do poema:

3. *Poesia 1918-1930*, p. 228.
4. *Poesia de Alberto Caeiro*, p. 152.
5. *Poesia Inglesa* II, p. 272.

114 INTRODUÇÃO AO ESTUDO DE FERNANDO PESSOA

a primeira está na terceira pessoa, "ela", e usa a forma impessoal dos verbos "alegra" e "entristece" (v. 9), na segunda dá-se a irrupção do Eu, numa apóstrofe que dura quadra e meia, e que, no verso 19, passa a incluir o "tu" num "vós": "Depois, levando-me, passai!" Há uma relação especular entre o Eu e o Tu. Nem um nem outro têm alegria, no caso da ceifeira porque não sabe que a tem, e no caso dele precisamente porque sabe: "O que em mim sente 'stá pensando" (v. 14).

O dinamismo da imagem da "incerta voz ondeando" (o que se poderia chamar uma imagem-movimento) é convocado para uma metamorfose final. Os três últimos versos formulam um desejo de dissolução nesse todo, "canção", "céu", "campo". Puro desejo, impossível de realizar.

Porque não é só do privilégio da razão que se trata, por oposição a sensação. É de um pensar que não cessa de pensar-se, de uma consciência que nunca se esquece de si mesma. Uma consciência interseccionista, em que as duas paisagens, exterior e interior, se sobreimprimem.

5. O tema da consciência da consciência, tão forte na "Ceifeira", é próprio de Fernando Pessoa e nada tem a ver com o dueto que formam Ricardo Reis e António Mora, que é o dos sensacionistas que aprendem com Alberto Caeiro a "pensar com os olhos". Assim, o filósofo António Mora explica bem que

A Consciência é para nós incognoscível; só podemos saber que ela é consciência. [...] Mesmo que conhecimento signifique propriamente consciência, não há consciência da consciência, por muito que pareça que a há. A consciência *é*[6].

6. *Textos Filosóficos* I, p. 7.

Na verdade, acrescenta, "só 'Deus' é a consciência da consciência, coisa que não podemos pensar"[7].

6. Isto, que Álvaro de Campos assina em 1932, merece comentário: "Mais curioso é o caso do Fernando Pessoa, que não existe, propriamente falando. Este conheceu Caeiro um pouco antes de mim – em 8 de março de 1914, segundo me disse"[8]. Qual é, pois, o lugar de Fernando Pessoa ortônimo entre as figuras heterônimas? Pensa-se vulgarmente que Fernando Pessoa ele mesmo é o homem, o escritor. A Carta sobre a Gênese dos Heterônimos parece dar-lhe razão, quando fala do protesto de Pessoa, ao escrever "Chuva Oblíqua" no momento seguinte ao do nascimento do Mestre, "contra a sua inexistência como Alberto Caeiro"[9]. Mas a existência de Fernando Pessoa também se manifesta, nesse instante mesmo, de modo paralelo e equivalente à do seu Mestre. Por isso Fernando Pessoa é referido na terceira pessoa.

Por oposição, a relação entre Pessoa e Alexander Search é de simples pseudonímia, e tem apenas a ver com o fato de ser um poeta em inglês. Mas a relação entre Pessoa e Fernando Pessoa é mais complexa, e têm que se ler a propósito, por exemplo, além da carta a Casais Monteiro, as passagens das *Notas para a Recordação* que envolvem a inclusão do ortônimo no grupo dos heterônimos, a polêmica entre Fernando Pessoa e Álvaro de Campos na *Athena* e, ainda, ao tempo de *Orpheu*, aquela apresentação de Fernando Pessoa como o chefe do Paulismo e de Alberto Caeiro como chefe do Sensacionismo[10].

7. O ortônimo é um nome de poeta que coincide com o nome do seu criador. Num texto que poderá ser de 1928, escreve:

7. *Idem,* p. 45.
8. *Notas para a Recordação,* p. 75.
9. *Teoria da Heteronímia,* p. 278.
10. *Páginas Íntimas,* p. 126.

INTRODUÇÃO AO ESTUDO DE FERNANDO PESSOA

Médium, assim, de mim mesmo, todavia subsisto. Sou, porém, menos real que os outros, menos coeso, menos pessoal, eminentemente influenciável por eles todos. Sou também discípulo de Caeiro [...][11].

Eis o tal Fernando Pessoa "impuro e simples" de que se fala na Carta sobre a Gênese dos Heterônimos. Aquele que tem um distanciamento em relação a si mesmo. Resultado dessa "impureza", ou dessa distância, torna-se uma personagem "menos real" que os heterônimos. E a razão é que o poeta ortônimo, de alguma maneira, tem e não tem a ver com o autor que usa o mesmo nome.

11. *Teoria da Heteronímia*, p. 231.

XIII

Ricardo Reis e a Razão

1. Ricardo Reis é o heterônimo de feição clássica. Começa por ser dado como professor de latim num colégio americano[1], mas na Carta sobre a Gênese dos Heterônimos é desenhado o seu retrato definitivo: nascido em 1887 no Porto, educado num colégio de jesuítas, latinista por educação alheia e semi-helenista por educação própria, é médico de profissão, vivendo no Brasil desde 1919, para onde "se expatriou espontaneamente por ser monárquico". É comparado assim, fisicamente, com o Mestre Caeiro: "é um pouco, mas muito pouco, mais baixo, mais forte, mais seco. De resto, é de um vago moreno mate"[2].

Ele é o discípulo direto do Mestre, e o único a quem o Mestre se dirige nos seus poemas[3]. É também o intérprete da sua obra, para cuja edição futura escreve muitos fragmentos de um prefácio em que, além do comentário da sua poesia, se lança na teorização de uma "reconstrução pagã" por ele inspirada.

Na verdade, Ricardo Reis é um lugar eletivo da paixão classicista de Pessoa, a sua face neopagã. Mas noutros lugares se pode

1. *Páginas Íntimas*, p. 332.
2. *Teoria da Heteronímia*, pp. 277-278.
3. *Poesia de Alberto Caeiro*, p. 179.

118 INTRODUÇÃO AO ESTUDO DE FERNANDO PESSOA

encontrar essa paixão: desde a ambição de construir uma teoria do Neopaganismo pela vasta obra de António Mora, até a reiterada defesa do "helênico" António Botto, poeta modernista depois muito valorizado pela *presença*, ou até às traduções "Da Antologia Grega" que são publicadas na *Athena*.

2. Há dois aspectos gerais e combinados na poesia do horaciano Reis, o do abandono caeiriano aos sentidos e o do controle e disciplina clássicos, que, por sua vez, podem ser associados a duas filosofias antigas, o epicurismo e o estoicismo. Daí a importância da moral como dimensão do sentido nestes versos. Ricardo Reis canta a vontade de viver de acordo com a natureza, e, ao mesmo tempo que entende a sensação como critério de verdade, adota uma atitude de aceitação de tudo o que acontece à luz de um racionalismo ético.

3. Ricardo Reis é o heterônimo pessoano em que, de uma forma mais óbvia, o estilo é pátria e identidade. Eis como o tematiza a primeira das suas odes publicadas, em 1924, na *Athena*, que formula o claro triunfo da poesia sobre a morte[4]:

> Seguro assento na coluna firme
>   Dos versos em que fico,
> Nem temo o influxo inúmero futuro
>   Dos tempos e do olvido;
> Que a mente, quando, fixa, em si contempla
>   Os reflexos do mundo,
> Deles se plasma torna, e à arte o mundo
>   Cria, que não a mente.
> Assim na placa o externo instante grava
>   Seu ser, durando nela.

---

4. *Poesia de Ricardo Reis*, p. 13.

RICARDO REIS E A RAZÃO 119

Aliás, desta ode conhecem-se duas outras odes variantes, que começam com os mesmos dois versos[5]. Este dado vem sublinhar a importância deste tema em Ricardo Reis, em que se associa a duração e a resistência das formas poéticas a uma qualidade comum aos deuses e à poesia.

Este dado textual lembra ainda a característica da incompletude, que não pode ser esquecida. Os poemas de Ricardo Reis – como é típico em Pessoa – podem ser descritos como ensaios de poemas de Ricardo Reis. Mas o que de Ricardo Reis chegou a ser Ricardo Reis são, na realidade, apenas as 28 odes que são publicadas pelo próprio Pessoa, das duas centenas que escreveu. Há muitas datilografadas e em estado quase final. Mas a reescrita constante, as remontagens de versos em vista do apuro que Ricardo Reis exige, torna mais visível esse lado de esboço interminável que as suas odes guardam.

4. A relação poética mais forte de Ricardo Reis é com Horácio, num regime de paródia que vai até ao uso dos nomes das suas interlocutoras femininas: Lídia, Cloé, Neera. Tal grau de proximidade, porém, serve só para sublinhar a distância entre eles. As odes de Ricardo Reis, tão parecidas com as de Horácio, são inconfundíveis. As odes do poeta moderno não são traduções do antigo, nem exercícios de estilo. Os campos de problemas de um e de outro são incomparáveis. As formas clássicas servem a Ricardo Reis – ou a Pessoa através de Ricardo Reis – para dizer a impossibilidade de regresso dos deuses, mas, ao mesmo tempo, para cantar a beleza da sua imagem. Os deuses de Ricardo Reis têm o fulgor prático da criação dos mitos, mas também a consciência de se saberem mitos.

5. Ricardo Reis só tem um poema datado do último ano – como, de resto, não tem mais do que um datado de 1934. Esta

5. *Poesia de Ricardo Reis*, pp. 163-164.

rarefação corresponde ao definitivo silêncio de Alberto Caeiro após 1930, e à alteração profunda do regime heteronímico que então se opera, como veremos adiante. O que não quer dizer que haja uma menor presença, nestes últimos anos, da temática da multiplicidade subjetiva. Simplesmente, passa a haver menos diferenças entre os nomes que assinam os poemas.

Por exemplo, em 22.9.1933, e assinado pelo ortônimo, lemos um tríptico de que o segundo poema é este:

Dia a dia mudamos para quem
Amanhã não veremos. Hora a hora
Nosso diverso e sucessivo alguém
Desce uma vasta escadaria agora.

É uma multidão que desce, sem
Que um saiba de outros. Vejo-os meus e fora.
Ah, que horrorosa semelhança têm!
São um múltiplo mesmo que se ignora.

Olho-os. Nenhum sou eu, a todos sendo.
E a multidão engrossa, alheia a ver-me,
Sem que eu perceba de onde vai crescendo.

Sinto-os a todos dentro em mim mover-me,
E, inúmero, prolixo, vou descendo
Até passar por todos e perder-me[6].

Ora, o modo pelo qual o Ricardo Reis dos anos 1930 trata o mesmo tema exibe uma resolução dele que ilumina a sua poesia. Ao mesmo tempo, mostra até que ponto está esbatido nele o lado epicurista e quanto se acentuou um estoicismo de feição especialmente negra. O poema referido é o último poema de Ricardo Reis, com a data de 13.11.1935, escrito por Pessoa a poucos dias da sua morte:

6. *Poesia 1931-1935*, p. 170.

Vivem em nós inúmeros;
Se penso ou sinto, ignoro
Quem é que pensa ou sente.
Sou somente o lugar
Onde se sente ou pensa.

Tenho mais almas que uma.
Há mais eus do que eu mesmo.
Existo todavia
Indiferente a todos.
Faço-os calar: eu falo.

Os impulsos cruzados
Do que sinto ou não sinto
Disputam em quem sou.
Ignoro-os. Nada ditam
A quem me sei: eu escrevo[7].

Nos três primeiros versos da primeira e da terceira quintilhas, e nos dois primeiros da segunda, analisam-se os modos de existência subjetiva múltipla: gente, almas-eus, impulsos. Nos restantes dois versos, ou três no caso da estrofe do meio, há a afirmação de uma unidade que se lhe opõe: o espaço interior; o falar; o escrever.

A perfeita arrumação e paralelismo dos elementos ajusta-se à arte de um neoclássico. Faltaria só, para a imitação ser perfeita, um tema mais parecido com os dos antigos, pois só mesmo no Modernismo se pode encontrar um eco da grave perturbação das diferenças entre o Eu, o Tu e o Ele que encontramos nesta ode final.

O Neopaganismo, pelo seu lado, promove o "regresso dos deuses" antigos. Os deuses pagãos são uma ocupação múltipla do

---

7. *Poesia de Ricardo Reis*, p. 137.

INTRODUÇÃO AO ESTUDO DE FERNANDO PESSOA

espaço sagrado. É como se a realidade psíquica tal como é descrita por Ricardo Reis fosse metaforizada pela mitologia.

Outro modelo da dispersão do Eu aqui presente é de ordem filosófica, e tem a ver com o niilismo desesperado que se encontra numa outra ode de Ricardo Reis, que começa por "Nada fica de nada. Nada somos", e termina por um verso – nada estoico, e muito menos epicurista – "Somos contos contando contos, nada"[8]. É um poema de 1932, de uma fase em que Ricardo Reis se encontra longe da sua "placidez" inicial. A ideia de que tudo acaba, de que ninguém escapa à voracidade de Cronos, de que tudo há de ser nada, parece implicar uma multiplicação seguida de inelutável dissolução ("contos contando contos").

Mas, logo a seguir, há a afirmação de um Eu que se impõe aos diferentes eus dispersos, e um sujeito que se recoloca no próprio lugar de onde se vê desalojado. E esse regresso surpreendente do Eu está sublinhado em termos formais: no centro do poema, o v. 8: "Existo todavia". Afirmação que é reiterada por esta que se lê num outro apontamento, sem atribuição: "Sejamos múltiplos, mas senhores da nossa multiplicidade"[9]. É, em suma, um Eu novo, não psicologicamente considerado – mas também não um Eu imaginário – e que assume o lugar de sujeito nos dois casos em que aparece expresso: "eu falo" (v. 10), "eu escrevo" (v. 15). Um Eu materializado em palavras, isto é, um *estilo*.

8. *Poesia de Ricardo Reis*, p. 128.
9. *Sensacionismo*, p. 19.

XIV
Álvaro de Campos e a Emoção

1. Segundo a Carta sobre a Gênese dos Heterônimos, depois de Alberto Caeiro surge o seu discípulo Ricardo Reis, e logo a seguir Álvaro de Campos como discípulo em "derivação oposta"[1]. Álvaro de Campos nasce em Tavira em 1890, a 15 de outubro, o aniversário de Nietzsche. Segundo a Carta sobre a Gênese dos Heterônimos, estuda em Lisboa, onde lhe ensina latim um tio beirão e padre, tem "uma educação vulgar de liceu" e vai "estudar engenharia primeiro mecânica, e depois naval" na Escócia, em Glasgow. Em 1913 faz sozinho uma viagem de fim de curso ao Oriente, de barco. Quando regressa, vai num passeio ao Ribatejo e conhece aquele que será seu mestre, Alberto Caeiro. Parte então para Londres, onde escreve a "Ode Triunfal". Que é publicada no *Orpheu* 1, a par do *Opiário* escrito na sua viagem ao Oriente, enquanto no *Orpheu* 2 sai a "Ode Marítima". De aspecto físico, "é alto (1,75 m de altura, mais 2 cm do que eu), magro e um pouco tendente a curvar-se". E Pessoa diz ainda que é "entre branco e moreno, tipo vagamente de judeu

---

1. *Teoria da Heteronímia*, p. 278.

124   INTRODUÇÃO AO ESTUDO DE FERNANDO PESSOA

português, cabelo, porém, liso e normalmente apartado ao lado, monóculo"[2].

Álvaro de Campos mantém-se sempre publicamente visível. É o único, além de Fernando Pessoa, a ter essa presença. Identificado pelos jornais, a par de Raul Leal, como o "doido do *Orpheu*", o seu "Ultimatum" no *Portugal Futurista* é a causa próxima da apreensão da revista pela polícia. Trabalha em Inglaterra em 1918, em Newcastle e em Barrow-on-Furness, mas em 1919 passa por Lisboa a caminho do Algarve. Regressa a Newcastle, de onde escreve em 1922 uma carta à *Contemporânea*. Depois volta a Lisboa, onde publica o seu "Lisbon Revisited (1923)" e lança um manifesto de apoio a Raul Leal e António Botto, *Aviso por Causa da Moral*. Em 1924 publica dois artigos na *Athena*. Depois do seu último regresso, publica um segundo "Lisbon Revisited (1926)", e a partir daí fica a viver em Lisboa "em inatividade".

2. Álvaro de Campos começa por ser o poeta decadente do "Opiário". Mas essa primeira fase de Álvaro de Campos é "construída", como se lê na Carta sobre a Gênese dos Heterônimos: o poema inicial "Opiário" é, afinal, escrito depois da "Ode Triunfal". Essa construção é levada a cabo com um cuidado poético minucioso, pois o poeta decadente tem de ser compatível com o sensacionista, embora dele se distinga. Assim é que – explicará mais tarde num prefácio de 1932 para o seu amigo Luís Pedro – escreve segundo um princípio de regularidade os versos do Álvaro de Campos decadente, mas neles insere "fugas e dissonâncias", como que preparando a "emergência rítmica" da "Ode Triunfal"[3].

Há, pois, um cuidado especial no jogo da construção biográfica e na criação de efeitos de real em torno da existência de

2. *Idem,* pp. 277-278.
3. *Crítica*, p. 472.

Álvaro de Campos. Ele chega a interferir na vida amorosa de Pessoa. É citado numa carta da primeira fase do seu namoro (em 15.10.1920: "Trocaram-me pelo Álvaro de Campos!"[4]), e ele mesmo escreve mais tarde uma carta a Ofélia (a 25.9.1929). Também há de enviar um telegrama a José Régio (em 24.3.1928) como se fosse um seu amigo.

3. Quando Álvaro de Campos aparece no *Orpheu* é de imediato associado ao Futurismo. Mas a sua relação com a Vanguarda é complexa. A estranheza do seu caso pode ser ilustrada por um "epitáfio em prosa" num apontamento que lhe é dedicado: "Foi o único grande Resultado do Futurismo. Não foi um resultado do Futurismo"[5].

O manifesto que publica para defender Raul Leal e António Botto, *Aviso por Causa da Moral*, é datado de "Europa, 1923": o seu nome precisa dessa referência, ele é o exemplo vivo da sede de cosmopolitismo do Modernismo português. Álvaro de Campos é Europa, mais que Futurismo ou, até, Sensacionismo. Lisboa é só uma cidade a que vai voltando, e onde acaba por se deixar ficar.

4. A figura de Álvaro de Campos é assim apresentada no prefácio que Pessoa destina a uma antologia em inglês da poesia sensacionista portuguesa:

> Há nele toda a pujança da sensação intelectual, emocional e física que caracterizava Whitman; mas nele verifica-se o traço precisamente oposto – um poder de construção e de desenvolvimento ordenado de um poema que nenhum poeta depois de Milton jamais alcançou. A "Ode Triunfal" de Álvaro de Campos, whitmanescamente caracterizada pela ausência de estrofe e de rima (e regularidade), possui uma cons-

---

4. *Correspondência 1905-1922*, p. 359.
5. *Cartas Astrológicas*, p. 93.

126   INTRODUÇÃO AO ESTUDO DE FERNANDO PESSOA

trução e um desenvolvimento ordenado que estultifica a perfeição que "Lycidas", por exemplo, pode reivindicar neste particular. A "Ode Marítima", que ocupa nada menos de 22 páginas de *Orpheu*, é uma autêntica maravilha de organização. Nenhum regimento alemão jamais possuiu a disciplina interior subjacente a essa composição, a qual, pelo seu aspecto tipográfico, quase se pode considerar um espécime de desleixo futurista. As mesmas considerações são de aplicar à magnífica "Saudação a Walt Whitman" no terceiro *Orpheu*[6].

Portanto, a "pujança da sensação" mais o poder de síntese, a emoção a que se acrescenta a construção, tornam Álvaro de Campos o modernista perfeito. O princípio de "desenvolvimento ordenado" que reivindica, e que pôde ser confirmado pela crítica[7], vem sublinhar a sua qualidade de protagonista do "drama em gente", como se fosse ele o melhor exemplo daquele supra-Camões capaz de integrar todas as eras num grande gesto poético.

5. O Modernismo português também conta com os seus manifestos de Vanguarda. Em junho de 1915, Raul Leal distribui *O Bando Sinistro*. De Almada há, em 1916, o *Manifesto Anti-Dantas* e o *Manifesto da Exposição de Amadeu de Souza-Cardoso*, e em 1917 o "Ultimatum Futurista às Gerações Portuguesas do Século XX", publicado no *Portugal Futurista* ao lado do "Ultimatum" de Álvaro de Campos. Pessoa, sob o seu próprio nome, publica em 1915 os seis violentamente provocatórios artigos na coluna "Crônica da Vida que Passa", em *O Jornal* de 5 a 21 de abril de 1915. Um exemplo, a 8 de abril:

Trabalhemos ao menos – nós, os novos – por perturbar as almas, por desorientar os espíritos. Cultivemos, em nós próprios, a desinte-

6. *Páginas Íntimas*, p. 142.
7. Maria de Lourdes Belchior, "*Ode Marítima*: A 'Construção' do Poema", 1985.

ÁLVARO DE CAMPOS E A EMOÇÃO 127

gração mental como uma flor de preço. Construamos uma anarquia portuguesa. Escrupulizemos no doentio e no dissolvente. E a nossa missão, a par de ser a mais civilizada e a mais moderna, será também a mais moral e a mais patriótica[8].

A este respeito, o desdobramento de Pessoa em Álvaro de Campos é especial. Não só pela parte que toma na campanha de *Orpheu* como poeta provocatório. Não só pela sua bombástica aparição em *Portugal Futurista*. Não só pela sua interferência histórica nesse momento, enquanto os outros heterônimos se mantêm num segredo que só virá a ser quebrado em 1924. Mas é que alguma coisa na sua constituição de personagem releva de uma metamorfose vanguardista de Pessoa. Em 1926, este escreve uma entrevista em que Campos responde a uma pergunta sobre como aderir ao "futuro império de Israel":

> Desintegrando propositadamente todas as forças contrárias, esforçando-nos por escangalhar a indústria nacional, por aluir o pouco que resta de influência católica [...], por substituir uma cultura técnica à cultura clássica, por desintegrar a família no seu sentimento tradicional...[9]

Isto é: retoma as palavras de ordem de Pessoa na crônica de *O Jornal*.

6. É evidente a relação, já referida, entre a teoria do Sensacionismo, que Pessoa elabora nos anos 1913-1917, e a própria constituição da heteronímia que lhe é contemporânea. O melhor exemplo disso é o "Ultimatum" de Álvaro de Campos publicado em 1917 no *Portugal Futurista*, que proclama a necessidade da multiplicação das personalidades do artista. Aliás, os rascunhos que o próprio Pessoa produz para o manifesto do Sensacionismo

8. *Crítica*, pp. 110-111.
9. *Páginas Íntimas*, p. 415.

128   INTRODUÇÃO AO ESTUDO DE FERNANDO PESSOA

hão de ser levados às últimas consequências pelo "Ultimatum".
Temos, portanto, que o primeiro grande heterônimo lança com
grande aparato um movimento impossível, e que nem sequer é
nomeado.

O Sensacionismo é o projeto de um movimento (lembre-se
o artigo que sai na *Exílio* em 1916, e que se intitula "Movimento Sensacionista"). Em alguns documentos, Pessoa escreve que o
próprio *Orpheu* é qualquer coisa como o órgão do Sensacionismo[10]. E há outros nomes que aparecem associados a esse movimento, além de Pessoa: Sá-Carneiro, Almada, Alfredo Guisado.
É claro que, neste caso, a própria expressão "movimento" só pode
ser empregue entre aspas. No entanto, bem vistas as coisas, o *Orpheu* terá sido provavelmente o gesto coletivo mais forte de toda
a história da arte portuguesa.

7. Eugénio de Andrade caracteriza a poesia de *Orpheu* como
"um momento de sincronia perfeita com uma Europa estetica-
mente avançada", o que vai no sentido da leitura habitual, mas
depois concentra em Álvaro de Campos o reconhecimento de
alguma coisa que constitui a sua novidade decisiva:

> É [...] com Álvaro de Campos que entre nós, sem qualquer ambi-
> guidade, [...] desaparece a confusão entre *poesia popular* [...] e *lingua-
> gem falada* (cuja fluidez fora pressentida por António Nobre e Cesário
> Verde)[11].

Esta transformação da linguagem poética, marca de Álvaro
de Campos, constitui o fulcro da arte poética de Pessoa.

---

10. *Sensacionismo*, pp. 160 e 378.
11. *Poesia e Prosa*, p. 235.

XV

O Conceito de Intervalo: *The Mad Fiddler*

1. The Mad Fiddler é o primeiro livro de Pessoa e o único que completou, além de *Mensagem*. Só não chegou a ser publicado. Composto segundo uma estrutura complexa em oito sequências, com 53 poemas, alguns deles longos, está preparado em 1917 para uma eventual edição inglesa. Encontram-se ainda séries completas. Poemas em inglês que há de publicar em opúsculos, *O Guardador de Rebanhos* ou o *Livro Primeiro* das odes de Ricardo Reis. É possível, por outro lado, identificar vários conjuntos sem ordem definida, unidos por um mesmo campo temático, como *Erostratus, Notas para a Recordação do meu Mestre Caeiro* ou o *Livro do Desassossego*. No entanto, o que se passa com *The Mad Fiddler* é distinto. É um livro feito para ser um livro, extenso e que corresponde a um propósito firme de publicação. Pessoa envia mesmo em 1917 *The Mad Fiddler* a uma editora inglesa, Constable and Company. Que lhe responde que o não pode publicar.

2. Em 1918, Pessoa edita dois opúsculos em Lisboa: *35 Sonnets* e "Antinous". Em 1920, consegue que saia na prestigiada revista inglesa *Athenaeum* o poema "Meantime" (que integra *The*

130   INTRODUÇÃO AO ESTUDO DE FERNANDO PESSOA

Mad Fiddler). Em 1921, reincide na empresa louca de editar em Lisboa, numa editora que então cria, a Olisipo, dois opúsculos num impecável inglês isabelino: *English Poems* I-II (que inclui uma versão remodelada do "Antinous" de três anos antes, e "Inscriptions") e *English Poems* III (que inclui "Ephitalamium").

São, ao todo, entre 1918 e 1921, quatro anos de intensa dedicação à poesia em inglês – ele que já não é Alexander Search – num período em que as suas publicações em português são raras.

3. Mad Fiddler tem um grande tema, nuclear em Pessoa ao longo dos anos 1910, os seus grandes anos criadores: o tema de uma outra realidade, que é a do intervalo ou do interlúdio.

Já "Na Floresta do Alheamento" se percebe uma posição de intervalo entre mundos, naquele "eterno estar no bifurcar dos caminhos":

> Com uma lentidão confusa acalmo. Entorpeço-me. Boio no ar entre velar e dormir, e uma outra espécie de realidade surge, e eu em meio dela, não sei de que onde que não é este...[1]

Já em Sá-Carneiro a tematização deste espaço intervalar ganha um sentido preciso, que no título de um poema de *Dispersão* transforma um advérbio num substantivo: *quási*. Este *quási* representa uma condição que é mental e moral, mas também física. E Sá-Carneiro cria mesmo um gênero de fantástico – de que *A Confissão de Lúcio* será o exemplo mais perfeito – a partir dessa noção de espaço-tempo intermédio, e dessa consciência aguda de estar *quási*, de existir num lugar intersticial, que não é nem deixa de ser a realidade.

Na aurora de *Orpheu*, o Interseccionismo de Pessoa e Sá--Carneiro consiste na concidência de duas sensações, uma sub-

---

1. *Livro do Desassossego*, p. 459.

jetiva outra objetiva, uma interior outra exterior, e essa coincidência é criadora de um mundo que não está em nenhuma das sensações que a compõem mas é criada pela sua intersecção. Pode, pois, dizer-se que o Interseccionismo constitui uma outra exemplificação do conceito de intervalo.

Quanto a *The Mad Fiddler*, constitui uma viagem nesse espaço a que chama, no título de um dos seus poemas, "Suspense". É um lugar de sonhos também, e até de "sonhos insonhados":

My undreamed dreams, pale elves,
Are now part of my flesh

[Vagos elfos, meus sonhos insonhados,
Fazem parte agora da minha carne[2]]

E a mesma ideia central aparece no subtítulo que Pessoa coloca em *The Mad Fiddler* num dos esquemas de publicação que Anne Terlinden revela: *Poems Before Sense*[3]. Este estado de *suspense* é, portanto, *anterior* ao sentido.

4. Há um poema em *The Mad Fiddler*, intitulado "To One Singing", já atrás citado por ter o mesmo *topus* da "Ceifeira", em que se pode ler mais sobre essa realidade outra que a arte cria:

Sing on! Between the music's human cry
And thy song's meaning there is interposed
Some third reality, less life-enclosed

[Oh, continua! Entre o som, de humano sofrer,
E o sentido da canção há, entretecida,
Uma terceira realidade, menos sujeita à vida[4]]

---

2. Trad. de Luísa Freire, *Poesia Inglesa* I, pp. 174-175.
3. *Poemas Antes do Sentido, Fernando Pessoa, The Bilingual Portuguese Poet*, p. 200.
4. Trad. de Luísa Freire, *Poesia Inglesa* I, pp. 274-275.

E há outro poema, no mesmo livro, que oferece da condição do intervalo a mais óbvia das alegorias: "The King of Gaps", o que, traduzido literalmente, significa "O Rei dos Intervalos". É o rei daquilo que está entre,

> *[...] what is twixt thing and thing,*
> *Of interbeings, of that part of us*
> *That lies between our wake and our sleep,*
> *Between our silence and our speech, between*
> *Us and the consciousness of us*

> ([...] do entre-coisas escondido,
> De entre-seres, daquela parte de nós
> Que está entre o silêncio e o dizer,
> Entre o nosso dormir e o despertar,
> Entre nós e a consciência de nós[5])

Ora este estado de realidade, em que o Eu não é o próprio nem o outro, é aquele mesmo *no man's land* em que decorre toda a aventura de Pessoa e dos heterônimos. É uma realidade algures entre a vigília e os sonhos. E a sua definição técnica está nas palavras que começam a segunda estrofe:

> *Those supreme purposes that never reach*
> *The deed –*

> [Aqueles supremos fins que nunca o ato
> Alcançaram –[6]]

O próprio livro *The Mad Fiddler* é o exemplo (involuntário) desta impossibilidade, pois está pronto para ser publicado e não é publicado, e fica, em *suspense*, num limbo bibliográfico.

---

5. *Poesia Inglesa* I, pp. 280-281.
6. *Idem, ibidem.*

O CONCEITO DE INTERVALO: *THE MAD FIDDLER* 133

5. A ideia de intervalo preside à organização editorial prevista (na carta a Gaspar Simões de 28.7.1932) para a publicação da poesia dos heterônimos, marcada no título: *Ficções do Interlúdio*. A mesma ideia de intervalo será desenvolvida por Bernardo Soares no seu mundo de nuances, e está já contida no próprio título do *Livro*, em que o termo *Desassossego* sugere uma perda de estabilidade, uma flutuação nem cá e lá. De resto, as nuvens como *leitmotiv* do *Livro* são um símbolo do intervalo – entre a terra e o céu.

Mas há outros textos em que a mesma ideia se implica, por exemplo, em "A Hora do Diabo", conto fragmentário que assenta no mesmo conceito-raiz. Veja-se uma passagem:

O anel que usas e amas, a alegria de um pensamento vago, o sentires que estás bem ao espelho em que te vês – não te iludas: não és tu, sou eu. Sou eu que ato bem todos os laços com que as coisas se decoram, que disponho certas as cores com que as coisas se ornam. De tudo quanto não vale a pena ser faço eu meu domínio e meu império, senhor absoluto do interstício e do intermédio, do que na vida não é vida. Como a noite é o meu reino, o sonho é o meu domínio. O que não tem peso nem medida – isso é meu.
O que crio fica dentro da alma – não tem lugar no mundo[7].

O "que na vida não é vida" é o mesmo que dizer o sonho, o desassossego, o *quási*, o interlúdio. Pelo que *The Mad Fiddler* é como que a cartografia de um mundo onde os heterônimos existissem realmente.

---

7. *A Hora do Diabo*, pp. 30-32 (texto revisto).

XVI

A Intervenção Social e Política

1. Pessoa é educado como um jovem inglês. Ora, no ano final dos seus estudos secundários em Durban, em 1904, Pessoa faz um exame, o Intermediate Examination, que tem associado um prêmio para o primeiro classificado: uma bolsa de estudo para frequentar uma universidade inglesa. E ele, que fica em primeiro, vê-se preterido pelo segundo classificado, que é um inglês. Apesar disso, o seu fervor anglófilo não se vê afetado, e Alexander Search escreve pouco tempo depois dois sonetos em louvor de Inglaterra.

Mais tarde, há de escrever: "A Inglaterra é o único país realmente civilizado da Europa". Mas, já em Lisboa, em 1906, na altura em que se torna antimonárquico, escreve alguns poemas, ao tom de Guerra Junqueiro, em que se pode ler: "Estamos no poder de Paris e das modas / E da Inglaterra quanto ao resto, eu sei"[1]. O que mostra a sua consciência do imperialismo inglês.

O seu fervor republicano é que nunca será alterado. Por volta de 1909, cria uma editora, a Íbis, para o que compra uma tipografia com o dinheiro da herança da avó paterna, e que mantém

---

1. *Mensagem e Outros Poemas sobre Portugal*, p. 19.

136 INTRODUÇÃO AO ESTUDO DE FERNANDO PESSOA

em funcionamento até meados de 1910, elaborando, pela mesma altura, os projetos de duas revistas antimonárquicas, *O Fósforo* e *O Iconoclasta*, e produzindo maquetes datilografadas de duas outras do mesmo teor, *O Progresso* e *A Civilização*, com a colaboração de primos seus. Pessoa quer intervir na vida pública portuguesa, e a forma da revista tenta-o como meio de comunicação – como já acontecera em 1902 com duas revistas de brincar, manuscritas, *A Palavra* e *O Palrador*[2].

Mais tarde, em 1915, Pessoa declara duas coisas importantes em carta a Côrtes-Rodrigues: a primeira é a sua consciência de que "ter uma ação sobre a humanidade, contribuir com todo o poder do meu esforço para a civilização", se tornaram os "graves e pesados fins" da sua vida; a segunda é a sua fundamental "ideia patriótica", que ele apresenta como "consequência de encarar a sério a arte e a vida"[3].

2. A questão do nacionalismo nunca se coloca para Pessoa em termos estritamente políticos, mas vai integrar-se no seu universo poético como uma coordenada importante. Leia-se, por exemplo:

Mas há três gêneros de nacionalismo. [...] Dos três nacionalismos, o primeiro e o inferior é aquele que se prende às tradições nacionais e é incapaz de se adaptar às condições civilizacionais gerais. [...] O segundo nacionalismo é aquele que se prende, não às tradições, mas à alma direta da nação, aprofundando-a mais ou menos. É o de um Bernardim Ribeiro, no seu grau inferior, e de um Teixeira de Pascoaes no seu alto grau.

O terceiro nacionalismo é o que num nacionalismo real integra todos os elementos cosmopolitas[4].

2. Richard Zenith e Joaquim Vieira, pp. 56-57 e 90-91.
3. *Correspondência 1905-1922*, pp. 140-141.
4. *Pessoa Inédito*, pp. 312-313.

É, pois, de um "nacionalismo cosmopolita" que acaba por ser questão. Isto na fase imediatamente anterior à da constituição do grupo que havia de publicar *Orpheu*, pois este excerto é datável de finais de 1912. Aliás, Pessoa tem por essa época o projeto de uma não menos paradoxal *Teoria da República Aristocrática*, título que menciona numa carta a Côrtes-Rodrigues de 2.9.1914. Entretanto, publica em 1915 o artigo antimonárquico "O Preconceito da Ordem", na revista *Eh Real!*, e há de publicar em 1918 um novo artigo de luta antimonárquica no diário *O Tempo*, de Lisboa, intitulado "Falência".

3. É em torno de 1920 que Pessoa tem maior atividade política. É um período de transição na vida nacional que sucede à agitada presidência de Sidónio Pais em 1918. A aura messiânica desta figura despertara um grande entusiasmo popular, mas num quadro de confusão e conflito que culmina com o seu assassinato. É também, de novo, um tempo de paz, depois do armistício da Primeira Grande Guerra.

Pode dizer-se que Pessoa vive a era de apogeu da afirmação nacionalista, movimento e ideologia nascido no século XVIII na Europa Ocidental e na América, que vai crescendo ao longo do século XIX e conduz à violência extrema das guerras no século XX. No contexto português, e na sequência dos traumas políticos do Ultimatum e do Regicídio, desde a Geração de 70 até a Renascença Portuguesa de 1910, a ideia de regeneração nacional adquire um tom de urgência que mobiliza todas as correntes ideológicas e atravessa todas as práticas culturais.

Por outro lado, a história de Pessoa é a de alguém cuja educação se faz em duas culturas nacionais, e para sempre fica dividido entre duas línguas e dois mundos. É, nisso, uma personagem atípica no drama do nacionalismo português, que tem em Antero e Pascoaes dois protagonistas.

138   INTRODUÇÃO AO ESTUDO DE FERNANDO PESSOA

4. Em 1919 e 1920, Pessoa empenha-se num grupo militante, o Núcleo de Ação Nacional, liderado pelo seu amigo Geraldo Coelho de Jesus. Os dois artigos publicados no órgão desse grupo, *Ação*, em 1919, são importantes. O primeiro, "Como Organizar Portugal", expõe, por meio de uma argumentação complexa, a ideia simples de que o caminho para Portugal é a industrialização. O segundo, "A Opinião Pública", elabora uma teoria política de inspiração sidonista, em que ataca com virulência a democracia e o liberalismo. O preciso contexto do Sidonismo em que escreve determina a sua perspectiva, e a coerência do discurso é determinada pela perspectiva do seu enunciador.

O mais forte texto deste momento é o longo poema "À Memória do Presidente-Rei Sidónio Pais", de 1920, que transforma o gênero elegíaco no canto messiânico de um novo D. Sebastião, e transporta o combate ideológico conjuntural para uma dimensão de misticismo poético nacionalista: "Até que Deus o laço solte / Que prende à terra a asa que somos"[5].

5. A Olisipo é um empreendimento a que Pessoa se lança em 1921 e que dura até 1923. Não é só uma editora, é também o projeto de uma agência de publicidade e de uma empresa de comércio em geral. Tal como a Íbis, também tem projetos de tradução de clássicos. Só publica, afinal, cinco pequenos livros: *A Invenção do Dia Claro*, de Almada, os dois opúsculos de *English Poems* assinados por Fernando Pessoa, a segunda edição das *Canções* de António Botto e um folheto "teometafísico" de Raul Leal com o título *Sodoma Divinizada*. Estes dois últimos são apreendidos por ordem do Governo Civil, junto com *Decadência*, livro de poemas de Judite Teixeira, por causa da homossexualidade que neles é elogiada. Pessoa faz então circular dois manifestos, um

5. *Poesia 1918-1930*, p. 124.

A INTERVENÇÃO SOCIAL E POLÍTICA 139

assinado por si próprio, *Sobre um Manifesto de Estudantes*, outro por Álvaro de Campos, *Aviso por Causa da Moral*, para defender os amigos que editara e o livre direito de expressão.

Lê-se assim no segundo deles:

Ser novo é não ser velho. Ser velho é ter opiniões. Ser novo é não querer saber de opiniões para nada. Ser novo é deixar os outros ir em paz para o Diabo com as opiniões que têm, boas ou más – boas ou más, que a gente nunca sabe com quais é que vai para o Diabo. [...] Porque há só duas maneiras de se ter razão. Uma é calar-se, que é a que convém aos novos. A outra é contradizer-se, mas só alguém de mais idade a pode cometer[6].

E percebe-se então que a reivindicação pública fundamental continua a ser a mesma de 1915, ou seja, um anarquismo radical, uma dissolução de todo o autoritarismo.

Entretanto, o espírito desestabilizador de *Orpheu* continua vivo: ainda em 1921, tem lugar o Comício dos Jovens Artistas no Chiado Terrasse, em que participam Almada e Raul Leal; nesse mesmo ano, António Ferro publica o romance paródico *Leviana* e um manifesto ao gosto futurista, *Nós*. Mas o tempo é já muito diferente: a nova vaga da arte moderna é marcada em 1922 e 1923 pela luxuosa revista literária e artística *Contemporânea*, dirigida por José Pacheco, e onde Pessoa também colabora – logo a abrir, com um conto de teor político paradoxal, *O Banqueiro Anarquista*.

Pouco depois, em novo episódio de censura, é proibida por razões de decoro moral a peça de António Ferro, *Mar Alto*, estreada no São Carlos em 1923, e Pessoa é um dos que assinam um protesto público contra tal ato de censura.

6. Os dois folhetos de poesia que Pessoa publica em 1921 teriam certamente sido objeto de apreensão por ordem do Gover-

6. *Crítica*, p. 200.

no Civil se não fossem em inglês: são os *English Poems* i-ii e iii. O primeiro folheto retoma "Antinous", já publicado em 1918, e corrige-o de um modo que ainda lhe acentua mais a intensidade homoerótica. O segundo inclui "Epithalamium", longo poema erótico sobre o momento que antecede o casamento e a a perda da virgindade, do ponto de vista da noiva e usando de uma liberdade de imaginação que chega ao fescenino. Nestes dois poemas se podem encontrar duas das manifestações mais claras e fortes da temática sexual na lírica portuguesa – em que ela é tão rara. Em plena harmonia com Judite Teixeira, Florbela Espanca, António Botto ou Raul Leal, mas de uma radicalidade incomparável.

7. No caso do folheto *O Interregno*, que Pessoa edita em 1928 com a sigla do mesmo Núcleo de Ação Nacional com o qual colaborara em 1919, o seu subtítulo não deixa dúvidas: *Defesa e Justificação da Ditadura Militar em Portugal*. Este texto ganha notoriedade e marca o nome de Pessoa, de tal modo que um semanário nacionalista, o *Bandarra*, há de publicar no seu último número, a 11 de janeiro de 1936, e para celebrar o "grande poeta nacionalista" que morrera há pouco tempo, a transcrição desse texto quase todo. É um folheto que, a par da *Mensagem* por vir, cimenta a imagem unidimensional e apressada de um militante da ditadura do Estado Novo. Vem também na sequência dos artigos de 1919, e até na consequência da explosiva manifestação de messianismo dos artigos de *A Águia* em 1912. Corresponde a uma das linhas de atividade política pública de Pessoa.

De notar que, numa carta ao jornal *A Voz* de 28 de janeiro de 1934 (e que por alguma razão não é publicada), Pessoa esclarece (ou complica) a sua posição política quando renega, com toda a clareza, "os princípios baixamente pagãos que confessamente

A INTERVENÇÃO SOCIAL E POLÍTICA 141

animam hitlerismo, fascismo e bolchevismo – a tripla prole do Anti-Cristo", assinando por baixo, em clave ironicamente esotérica: "Um Irregular do Transepto"[7].

8. De maneira geral, parece dever tomar-se a sério a identificação por Pessoa, numa "Nota Biográfica" de 30.3.1935, das três grandes ameaças: "a Ignorância, o Fanatismo e a Tirania"[8]. Toda a sua vida, bem como toda a sua obra, mau grado as posições mais ou menos contraditórias, confirmam a validade dessa opinião. E mesmo ao fazer o elogio do *Interregno* que a ditadura militar instaura, em nenhum momento a defesa da situação criada implica a justificação do uso da força ou da censura. Assim, num texto em inglês mais tardio, depois de 1933, já a propósito de Salazar e do Estado Novo, pode ler-se esta distinção entre ditadura e tirania:

A Ditadura, sem dúvida, sendo um governo sem controle, facilmente conduz os ditadores a tomar atitudes de dureza política e efetiva tirania. Mas esse é mais o caso de homens, nações e circunstâncias do que da própria Ditadura[9].

E acrescenta que Salazar é um ditador sem tirania, pois "até nomeou, como chefes de Ministérios importantes, homens competentes que sabe serem seus opositores políticos"[10].

Mas esta opinião favorável relativamente à ditadura do Estado Novo irá ser desfeita em 1935, ano em que são escritos poemas e textos de inequívoco teor antissalazarista. Afinal, o bom ditador revelara-se um ridículo tirano.

---

7. *Correspondência 1923-1935*, p. 321.
8. *Prosa Íntima*, p. 135.
9. E3 111/35 (cit. in *Escritos Autobiográficos*, p. 477).
10. *Idem, ibidem*.

142 INTRODUÇÃO AO ESTUDO DE FERNANDO PESSOA

9. O Interregno é um texto com características especiais. Começa por ser pensado e escrito para ser publicado como um panfleto anônimo, e só depois, por razões legais e políticas, acaba por ter de ser publicado sob o seu nome próprio. Há nele um lado heteronímico, ou, de modo mais geral, dramático. Quem o assina é uma espécie de personagem, que o anonimato da publicação serviria para configurar miticamente, o que explica que escreva estes dois últimos (e estranhos) parágrafos:

São estes os fins, imediatos e mediatos, do presente opúsculo, que neste ponto concluímos. O que nele escrevemos (de menor monta, contudo, que o que escreveremos no próprio livro) o distingue, na amplitude e precisão dos conceitos, na lógica do desenvolvimento, e na concatenação dos propósitos, de qualquer escrito político até hoje conhecido. Nem há hoje quem, no nosso país, ou em outro, tenha alma e mente, ainda que combinando-se, para compor um opúsculo como este. Disto nos orgulhamos.

É este o Primeiro Sinal, vindo, como foi prometido, na Hora que se prometera[11].

Além da presença do tema da "Hora" que finalmente chega, tema que na *Mensagem* se reencontra, este delírio de grandeza é, no quadro da escrita de Pessoa, de inconfundível teor ficcional (o que não quer dizer que não seja, heteronimamente, *a sério*). Ou, pelo menos, a aura misteriosa do seu autor anônimo seria um elemento a ter em conta na criação do efeito final pretendido.

10. Eis, em resumo, alguns dos traços públicos principais que desenham o complicado e contraditório retrato político de Pessoa: – em 1915, refuta o autoritarismo com "O Preconceito da Ordem"; – em 1918, defende a república em "Falência"; – em 1919, recusa fundamento ao voto democrático num terceiro artigo, "A Opinião Pública"; – em 1920, faz uma celebração mes-

11. *Crítica*, p. 403.

A INTERVENÇÃO SOCIAL E POLÍTICA 143

siânica e sebastianista do herói providencial em "À Memória do Presidente-Rei Sidónio Pais" – em 1923 e 1924, luta em dois manifestos e num abaixo-assinado pela liberdade de expressão e pelos direitos individuais; – em 1928, justifica a ditadura militar com *O Interregno*; – em 1934, mostra alguma modulação da ideia nacionalista na obra de quintessência sebastianista que é *Mensagem*, pelo simples fato desse título vir substituir, nas provas de tipografia, o título *Portugal* que esse projeto já tem desde 1910; – em 1935, publica um longo artigo no *Diário de Lisboa*, "As Associações Secretas", com ulterior edição em folheto, que defende o direito à existência legal da Maçonaria, contra uma lei salazarista que declara a sua proibição; – em 1935, data de uma "Nota Biográfica" publicada postumamente, escreve que *O Interregno* "deve ser considerado como não existente"[12].

Nessa mesma "Nota Biográfica", autodefine-se assim quanto à ideologia política:

> Considera que o sistema monárquico seria o mais próprio para uma nação organicamente imperial como é Portugal. Considera, ao mesmo tempo, a Monarquia completamente inviável em Portugal. Por isso, a haver um plebiscito entre regimes, votaria, com pena, pela República. Conservador do estilo inglês, isto é, liberal dentro do conservantismo, e absolutamente antirreaccionário[13].

Ainda na mesma "Nota Biográfica", afirma-se, do ponto de vista da "posição patriótica", "partidário de um nacionalismo mítico, de onde seja abolida toda infiltração católica-romana, criando-se, se possível for, um Sebastianismo novo, que a substitua espiritualmente"[14]. E a *Mensagem* constitui a prova suficiente da profissão de fé no mito de D. Sebastião, esse rei adolescente desa-

12. *Prosa Íntima*, p. 134.
13. *Idem, ibidem.*
14. *Idem,* p. 135.

parecido em Alcácer-Quibir que há de regressar, por uma manhã de nevoeiro, do reino dos mortos.

O conjunto destas posições não compõe uma atitude definida, mas desenha uma curva ideológica que parte de uma disposição liberal para no fim regressar a ela, com passagem pelo elogio da autoridade e do poder predestinado. Poder-se-ia, então, descrever Pessoa como um republicano sebastianista, ou, talvez melhor, como um nacionalista liberal, mas com variações que podem ir, nada menos, que do anarquista ao monárquico. Ou seja, que podem abarcar polos opostos do espectro ideológico. E avulta na sua atuação pública, também, uma vontade fundamental de defesa da liberdade de expressão, quer nos manifestos de 1923 quer, mais tarde, no momento da sua violenta recusa de Salazar.

Claro que a esfera do político em Pessoa não se reduz a estas posições. Em 1915, escreve artigos de provocação vanguardista na coluna "Crônica da Vida que Passa", tal como em 1926 escreve artigos sobre economia e finanças na *Revista de Comércio e Contabilidade*, ou em 1928 e 1932 os artigos de análise sociológica sobre "O Provincianismo" e "O Caso Mental Português". Para não falar das posições que os heterônimos tornam explícitas, e que têm uma larga escala de variação, desde a "paz da Natureza sem gente" de Alberto Caeiro até a "só de aceitar tenhamos a ciência" de Ricardo Reis e até a celebração da "fauna maravilhosa do fundo do mar da vida" de Álvaro de Campos. A esfera do político em Pessoa está sujeita à regra maior que nele rege a poesia e a reflexão, e que é a da multiplicidade e da variabilidade.

XVII
Os Regressos de Álvaro de Campos

1. A vida cosmopolita do engenheiro Álvaro de Campos é feita de estadias várias na Escócia e em Inglaterra, para além de viagens pela Europa e ao Oriente. A sua "Ode Triunfal" é escrita, não por acaso, em Londres. Dois dos seus regressos são postos em cena nas páginas da *Contemporânea* com os poemas, de seus títulos completos, "Lisbon Revisited (1923)" e "Lisbon Revisited (1926)", em que o primeiro título parece prever já o segundo, e que correspondem aos seus definitivos regressos a Lisboa. A relação que estabelece com a cidade mistura-se com a memória, e, no segundo dos poemas citados, a cidade devolve-lhe uma imagem definitivamente fragmentada:

> Outra vez te revejo,
> Mas, ai, a mim não me revejo!
> Partiu-se o espelho mágico em que me revia idêntico,
> E em cada fragmento fatídico vejo só um bocado de mim –
> Um bocado de ti e de mim!...[1]

Mais tarde, em 1932, o mesmo tema dos dois tempos sobrepostos é tratado no poema "Realidade". Álvaro de Campos encontra

---

1. *Poesia de Álvaro de Campos*, p. 302.

146   INTRODUÇÃO AO ESTUDO DE FERNANDO PESSOA

numa rua da cidade onde não passava há vinte anos a sua própria pessoa de há vinte anos atrás, e dá-se a intersecção dos dois momentos, o do passado e o do presente, o da memória e o da sensação:

> Tenho a impressão que as duas figuras se cruzaram na rua, nem
> [então nem agora,
> Mas aqui mesmo, sem tempo a perturbar o cruzamento[2].

O que tem de curioso este poema é que a fragmentação é substituída pelo desdobramento. Não existe síntese possível, mas também não há o trágico do estilhaçamento. O tempo é a matéria-prima de Álvaro de Campos. Ele é um viajante, um cosmopolita prático. O seu Sensacionismo é uma máquina do tempo, e a sua Lisboa tem quatro dimensões.

2. A "obra" de Álvaro de Campos torna-se, por outro lado, o microcosmo da heteronímia. Um exemplo é esta parte da resposta que envia a um inquérito, publicada no jornal *A Informação*, dirigido por Augusto Ferreira Gomes, em 1926:

> [...] nada tem, cientificamente falando, existência "real". As coisas são sensações nossas, sem objetividade determinável, e eu, sensação também para mim mesmo, não posso crer que tenha mais realidade que as outras coisas. Sou, como toda a gente, uma ficção do *intermezzo*, falso como as horas que passam e as obras que ficam, no rodopio subatômico deste inconcebível universo[3].

Aqui, não só se define com eloquência o tom próprio desta personagem como, mais uma vez, é resumida a teoria do Sensacionismo que sustenta a heteronímia, e lhe é dado um sentido antropológico.

2. *Idem*, p. 469.
3. *Crítica*, p. 363.

OS REGRESSOS DE ÁLVARO DE CAMPOS

Mas, nesta mesma resposta ao inquérito de Augusto Ferreira Gomes de 1926, Álvaro de Campos enuncia a sua poética. A emoção é o seu elemento, a categoria que o identifica:

Não tenho preocupação intelectual ao escrever. Tenho a única preocupação de emitir emoções, deixando à inteligência que se aguente com elas o melhor que puder. Tenho o desejo de ser de todos os tempos, de todos os espaços, de todas as almas, de todas as emoções e de todos os entendimentos. Menos que tudo é nada para a alma que não cata piolhos na lógica, nem olha para as unhas na estética. Não podendo ser a própria força universal que envolve e penetra a rotação dos seres, quero ao menos ser uma consciência audível dela, um brilho momentâneo no choque noturno das coisas... O resto é delírio e podridão[4].

É sempre nestes termos que se define: cada poema seu é medido por uma certa intensidade de emoção. Álvaro de Campos é a emoção em Pessoa.

3. Quando a *presença* começa a sair regularmente, a partir de 1927, Álvaro de Campos já se encontra em definitivo em Lisboa, e passa a publicar os seus textos quase todos nessa revista. Dentre eles, o mais importante é "Tabacaria". Que resume por si só toda a poesia de Pessoa (como o demonstra Carlos Filipe Moisés)[5].

Para melhor entender a sua exemplaridade, pode ser esclarecedor o seu contraponto com "Firmamento", poema de Soares de Passos[6]. Essa ode, tão programaticamente romântica (publicada em *O Bardo* em 1852), é como um horizonte a partir do qual a ode modernista se constrói: a condição humana, bem como a relação entre o homem e as palavras, mantêm fortes semelhanças de enquadramento, de tema e de discurso. Assim, em "Firma-

4. *Idem, ibidem.*
5. *O Poema e as Máscaras*, 1981.
6. Cf. Óscar Lopes.

148 INTRODUÇÃO AO ESTUDO DE FERNANDO PESSOA

mento" há a mesma atitude metafísica e a mesma sensação de esmagamento e angústia. Só que brilha com esplendor a plenitude do sentido:

> E tu, homem, que és tu, ente mesquinho
> Quando soberbo te elevas,
> Buscando sem cessar abrir caminho
> Por tuas densas trevas?
> Que és tu com teus impérios e colossos?
> Um átomo sutil, um frouxo alento!
> Tu vives um instante, e de teus ossos
> Só restam cinzas, que sacode o vento.
>
> Mas ah! tu pensas, e o girar dos orbes
> À razão encadeias;
> Tu pensas, e inspirado em Deus te absorves
> Na chama das ideias:
> Alegra-te, imortal, que esse alto lume
> Não morre em trevas num jazigo escasso!
> Glória a Deus, que num átomo resume
> O pensamento que transcende o espaço![7]

"Tabacaria", datado de 15 de janeiro de 1928 e depois publicado na *presença* em 1933, é uma fala desse "átomo sutil" perdido no espaço ("um dos milhões do mundo que ninguém sabe quem é"[8]), que também sente o tempo como efêmero, como cinzas do instante, e que, nos termos de Álvaro de Campos, representa essa experiência como uma constante despedida de todas as coisas. Este "átomo", vítima das suas ilusões e do grande caos dos valores, é a figura viva da experiência cultural moderna.

Mas o poema conclui-se com o desenho minimalista de um instante de comunicação, um quase-nada que, pela simples sau-

7. Soares de Passos, *Poesias*, p. 153.
8. *Poesia de Álvaro de Campos*, p. 320.

dação trocada com o Esteves e o sorriso do dono da tabacaria, desenha um sentido:

> O homem saiu da Tabacaria (metendo troco na algibeira das calças?).
> Ah, conheço-o; é o Esteves sem metafísica.
> (O Dono da Tabacaria chegou à porta.)
> Como por um instinto divino o Esteves voltou-se e viu-me.
> Acenou-me adeus, gritei-lhe *Adeus ó Esteves!*, e o universo
> Reconstruiu-se-me sem ideal nem esperança, e o Dono da Tabacaria
> [sorriu[9].

Na verdade, este final da "Tabacaria" reconduz a um valor que salva a reflexão desesperada que todo o poema constitui de se afundar na mais negra psicose – "o universo / Reconstruiu-se--me" – mesmo que "sem ideal nem esperança". Esse valor é o da comunicação. Manifestado por um olhar, uma saudação trocada com o "Esteves sem metafísica" e um sorriso do Dono da Tabacaria, é esse valor que transforma a janela do quarto em que está o poeta numa saída aberta para a realidade exterior. Mas, repare-se, esse é o mesmo valor que funda a poesia, dado que um poema apenas existe se um autor o escrever e se um leitor o ler. O poema é, ele mesmo, comunicação no estado puro. Portanto, é o poema, na sua existência mesma, o universo reconstruído.

4. A leitura de "Tabacaria" pode também centrar-se noutra ideia, antes da sequência final, que é formulada assim:

> Mas o Dono da Tabacaria chegou à porta e ficou à porta.
> Olho-o com o desconforto da cabeça mal voltada
> E com o desconforto da alma mal-entendendo.
> Ele morrerá e eu morrerei.
> Ele deixará a tabuleta, e eu deixarei versos.

9. *Idem*, p. 326.

A certa altura morrerá a tabuleta também, e os versos também.
Depois de certa altura morrerá a rua onde esteve a tabuleta,
E a língua em que foram escritos os versos.
Morrerá depois o planeta girante em que tudo isto se deu.
Em outros satélites de outros sistemas qualquer coisa como gente
Continuará fazendo coisas como versos e vivendo por baixo de coisas
[como tabuletas,
Sempre uma coisa defronte da outra,
Sempre uma coisa tão inútil como a outra,
Sempre o impossível tão estúpido como o real,
Sempre o mistério do fundo tão certo como o sono de mistério da
[superfície,
Sempre isto ou sempre outra coisa ou nem uma coisa nem outra[10].

É a ideia do eterno retorno (em termos que esclarecem o tema de Nietzsche) que assombra esta passagem, e que marca para o poema uma outra possibilidade de sentido. Nada sobrevive ao tempo, nem os homens, nem os versos, mas a esse aniquilamento geral e inevitável sucederá o regresso igualmente inevitável de tudo: num outro "planeta girante" haverá "qualquer coisa como gente" a escrever "coisas como versos". Com todas as diferenças que houver, não se dará nunca a diferença capital: haverá sempre qualquer coisa, e o mistério dela permanecerá sempre intocado. E um poeta futuro muito parecido com o poeta passado escreverá uma espécie de poema como "Tabacaria" sobre o que será uma idêntica condição.

A figura do indivíduo atomizado e isolado reencontra-se, assim, na fileira infinita dos seres providos de consciência, de que o humano terrestre é um exemplo.

5. O poema "Demogorgon", de inspiração ocultista, no quadro das preocupações maiores de Pessoa, é datado do mesmo ano de 1928, a 12 de abril. Esta é, pois, a grande época dos poemas

---

10. *Poesia de Álvaro de Campos*, p. 325.

metafísicos de Álvaro de Campos, em paralelo com a crescente febre esotérica de Fernando Pessoa. Mas, aqui, a "realidade plausível" de "Tabacaria" já não é uma solução, é só um paliativo:

Na rua cheia de sol vago há casas paradas e gente que anda.
Uma tristeza cheia de pavor esfria-me.
Pressinto um acontecimento do lado de lá das frontarias e dos
[movimentos.

Não, não, isso não!
Tudo menos saber o que é o Mistério!
Superfície do Universo, ó Pálpebras Descidas,
Não vos ergais nunca!
O olhar da Verdade Final não deve poder suportar-se!

Deixai-me viver sem saber nada, e morrer sem ir saber nada!
A razão de haver ser, a razão de haver seres, de haver tudo,
Deve trazer uma loucura maior que os espaços
Entre as almas e as estrelas.

Não, não, a verdade não! Deixai-me estas casas e esta gente;
Assim mesmo, sem mais nada, estas casas e esta gente...
Que bafo horrível e frio me toca em olhos fechados?
Não os quero abrir de viver! Ó Verdade, esquece-te de mim![11]

O nome Demogorgon (etimologicamente, *daimon*, demônio, e *gorgos*, terrível) ocorre, por exemplo, em Milton, *Paradise Lost*, e ainda em Shelley, *Prometheus Unbound*[12]. É um poema em que a cultura letrada de Pessoa fala pela voz do engenheiro de emoções Álvaro de Campos.

No interior do diálogo heteronímico, este é um momento em que a ciência de ver do Mestre Caeiro aparece a Álvaro de Campos como a única tábua de salvação para um sensacionista excessivo.

---

11. *Poesia*, p. 334.
12. Américo da Costa Ramalho, "Demogorgon em Fernando Pessoa".

152 INTRODUÇÃO AO ESTUDO DE FERNANDO PESSOA

Daí a descritividade branca, o "grau zero" da descrição que o primeiro verso faz. Daí a repetição de "estas casas e esta gente" nos vv. 13 e 14. Daí que a "Superfície do Universo" (v. 6) seja aquilo a que se quer ater, mesmo que essa superfície ameace estalar.

De resto, o pavor da comunicação com o "lado de lá" (v. 3) é tratado através da utilização da metáfora caeiriana do olhar, pois o "Mistério" (v. 5) é um olhar tapado pelas "Pálpebras Descidas" (v. 6), mas também o Eu mantém os seus "olhos fechados" (v. 15) para não ver. A comunicação, no entanto, estabelece-se apesar da interrupção do olhar, pois outro sentido interfere, o do tato. O pressentimento que aflora na primeira estrofe, e começa por ser descrito como "Uma tristeza cheia de pavor" (v. 2), transforma-se em sensação no penúltimo verso: "Que bafo horrível e frio me toca".

Em suma, não pode Álvaro de Campos ser como o Mestre Caeiro porque sente demais, e até chega a sentir o que está do outro lado das coisas, a sua "Verdade Final" (v. 8). Os seus sentidos quase que poderiam ser capazes de ver "A razão [...] de haver tudo" (v. 10). Pois ele leva sempre a sensação até o último limite. É essa a sua natureza, a sua *personalidade*.

6. Uma nota bibliográfica relevante: a primeira publicação do livro *Poesias* de Álvaro de Campos é de 1944, na Ática, mas logo no mesmo ano sai em Paris, na Gallimard, uma antologia sua, preparada e traduzida por Armand Guibert: *Poésies d'Álvaro de Campos*. Tal sincronização europeia fica muito bem ao poeta cosmopolita.

XVIII

De *Athena* ao *Livro do Desassossego*

1. Em 1924 e 1925, com a publicação de *Athena. Revista de Arte*, Pessoa vai apresentar de forma sistemática e completa os poetas que compõem a sua obra. Ele aparece como diretor da parte literária, com Ruy Vaz como diretor da parte dedicada às artes plásticas. Nos seus cinco números se inclui uma polêmica entre Fernando Pessoa e Álvaro de Campos, que desta vez apenas publica ensaios, mais um conjunto de poemas de Sá-Carneiro, que Fernando Pessoa faz preceder de uma nota introdutória em que modela a dimensão trágica do amigo como se ele fosse (quase) uma personagem sua. Mas é nesta revista, sobretudo, que publica as *Odes – Livro Primeiro* de Ricardo Reis e duas amplas antologias de poemas de Alberto Caeiro.

2. Muitos dos textos publicados na *Athena* têm a sua mão como autor, editor ou tradutor. Outros colaboradores são amigos próximos, como Henrique Rosa, irmão do padrasto, o quinto--imperista Augusto Ferreira Gomes, António Botto e Raul Leal.

Mas, para além desta explanação da sua literatura e do seu mundo, *Athena* é uma reformulação neoclássica. Não tanto como num certo projeto em que *Athena* tinha como subtítulo *Cadernos*

154 INTRODUÇÃO AO ESTUDO DE FERNANDO PESSOA

de Reconstrução Pagã, sendo o diretor António Mora[1]. Em vez disso, de forma mais moderada, o formato de *Orpheu* dá lugar a uma revista ao estilo da *Contemporânea* (1922-1926), pelo apuro gráfico e pela importância dada às artes plásticas. E cuja função é a apresentação pública dos heterônimos.

Tudo se faz a partir de um discurso de rigor e racionalidade. O que explica o simbolismo do título, conforme a nota de abertura: "Estes gregos [...] figuraram em a deusa Atena a união da arte e da ciência, em cujo efeito a arte (como também a ciência) tem origem como perfeição". Por outro lado, Apolo é invocado como símbolo da "liga instintiva da sensibilidade com o entendimento", o que resolveria a sua oposição numa síntese neoclássica. Outro eco dessa síntese (embora sem a felicidade de Apolo) lê-se, na mesma revista, no verso de um poema do ortônimo: "O que em mim sente 'stá pensando".

3. A discussão entre Fernando Pessoa e Álvaro de Campos é, na verdade, provocada por este último, que retoma o editorial da revista e o comenta no número seguinte com o artigo "O que É a Metafísica?", e depois se espraia nos dois números seguintes com dois artigos sob o título "Apontamentos para uma Estética Não--Aristotélica". Aqui, o ponto teórico é o da oposição entre a regra de composição clássica que Fernando Pessoa defende enquanto diretor-editorialista e poeta ortônimo – e a aposta na força da emoção que Álvaro de Campos propõe, com a valorização do irracional e da sensibilidade pessoal acima de todas as coisas.

Fernando Pessoa, pelo seu lado, afirma, citando Aristóteles, que "um poema é um animal", porque realiza a "harmonia entre a particularidade da emoção e do entendimento, que são do homem e do tempo, e a universalidade da razão"[2]. É a prefigu-

1. *Obras de António Mora*, p. 164.
2. *Crítica*, p. 222.

ração do poeta "fingidor" racional, como se verá. Quanto a Álvaro de Campos, diz que o poema se baseia numa "unidade espontânea e orgânica, *natural*", o que parece ir no mesmo sentido da organicidade do poema-animal (o aristotélico), mas que, na verdade, é outra coisa, porque afirma um tipo de unidade que "nunca pode ser vista ou visível, porque não está ali para se ver"[3]. Ou seja, a organicidade segundo Álvaro de Campos é outra porque não se manifesta pela forma. Situa-se no "interior" do texto, não no seu "exterior".

E, precisamente: a questão da inorganicidade da arte de Vanguarda tem a ver com essa perda de aparência de unidade e de padrão regular de construção[4].

4. Dois detalhes bibliográficos relevantes. Na *Athena*, a publicação de Alberto Caeiro é acompanhada de uma indicação paratextual que promove a sua verossimilhança como autor: são as datas entre parênteses no título geral: "Escolha de Poemas de Alberto Caeiro (1889–1915)". Também as "Odes – Livro Primeiro" vêm assinadas por Ricardo Reis, do mesmo modo que todos os outros autores incluídos na revista.

5. Em outubro de 1925, Pessoa registra a patente de um "Anuário indicador sintético, por nomes e outras quaisquer classificações, consultável em qualquer língua", que tenta, sem sucesso, vender a alguns potenciais compradores. É um dos sinais de atividade intensa e interessada no âmbito da sua profissão, que assim se torna bem mais que um simples ganha-pão. A vida comercial atinge a qualidade de um tema digno da mesma atenção que a arte, a política ou a sociologia. Através do comércio, outros temas aparecem, culturais ou estilísticos. Como se lerá nas "Palavras Iniciais" da *Revista de Comércio e Contabilidade*:

3. *Idem*, p. 242.
4. Cf. Peter Bürger, *passim*.

Por isso os problemas que aqui se estudarão, embora uma ou outra vez pareçam, e só à primeira vista, ser de pouca importância, serão sempre dos primaciais, ou por essência ou por oportunidade[5].

6. A *Revista de Comércio e Contabilidade*, em 1926, vem dar corpo a esse prestígio novo da sua atividade profissional. É uma revista com utilidade prática, discutindo princípios econômicos e procedimentos técnicos, discorrendo sobre o comércio concebido em termos internacionais, ou sobre o conceito de empresa, ou fazendo propostas de métodos de organização de aspectos tão específicos dos escritórios comerciais como o arquivo de correspondência ou a variação de estilos de cartas segundo a nacionalidade dos destinatários. Dirigida pelo cunhado Francisco Caetano Dias, a sua colaboração é fundamental e permanente. Está do outro lado, profano e utilitário, da aventura da *Athena* recentemente terminada.

Esta revista leva Pessoa a uma reflexão aprofundada sobre a atividade comercial. Uma sequência desse trabalho é, logo a seguir, a adequação final do *Livro do Desassossego* a um diário escrito por um narrador que é um empregado de escritório de um armazém de fazendas, Bernardo Soares – que, aliás, pouco fala de comércio. Quer o *Livro* quer o nome do "semi-heterônimo" já existem antes de 1928, mas só neste momento atingem a forma perfeita, pela qual se adequam um ao outro. O subtítulo, nomeadamente, é de suma importância nessa adequação, e surge logo na primeira publicação de um trecho do *Livro: Composto por Bernardo Soares, Ajudante de Guarda-Livros na Cidade de Lisboa*. Quanto ao nome de autor que assina, esse e todos os outros onze trechos publicados do *Livro*, primeiro em 1913 e depois entre 1929 e 1932, é sempre o nome de Fernando Pessoa. Não há, nesta atribuição, nenhuma hesitação ou dúvida.

5. *Crítica*, p. 246.

7. O nome de Vicente Guedes está também associado a uma fase do *Livro do Desassossego*, entre 1915 e 1929, antes de ser substituído pelo nome de Bernardo Soares. No princípio, Vicente Guedes não tem profissão definida. Mas ele e Bernardo Soares são personagens semelhantes. Ambos começam por ser autores heterônimos com contos, poemas e traduções projetadas[6], ambos são descritos como ajudantes de guarda-livros e moradores na Baixa de Lisboa, embora em ruas diferentes. É evidente que a evolução de um para outro dos nomes releva do rearranjo estilístico. Mais importante que isso é o fato de um heterônimo menor se ver metamorfoseado em semi-heterônimo, muito próximo, afinal, da forma típica da personagem de narrador.

8. No momento em que Bernardo Soares se torna narrador do *Livro do Desassossego*, em 1928, a vida para Pessoa torna-se literatura.

Veja-se, a este respeito, a relação amorosa com Ofélia Queirós, que ocorre duas vezes por períodos breves. Apesar da real tentação de uma vida burguesa, eis os termos com que Pessoa acaba com a relação da segunda vez, em 29.9.1929[7]: "a minha vida gira em torno da minha obra literária – boa ou má, que seja, ou possa ser. Tudo o mais na vida tem para mim um interesse secundário". E talvez esta afirmação seja para tomar a sério. Ora, é nesse exato contexto de uma devoção definitiva à literatura que Bernardo Soares ganha definição.

9. Bernardo Soares e Alberto Caeiro são os dois polos do universo heteronímico. O ajudante de guarda-livros é o oposto do guardador de rebanhos. Para o primeiro, apenas o mundo exterior interessa, a Natureza. Para o segundo, "O mundo exterior

---

6. Cf. *Teoria da Heteronímia*, pp. 74 e 101.
7. *Correspondência 1923-1935*, p. 166.

existe como um ator num palco: está lá mas é outra coisa"[8]. Ambos são personagens de tal modo irredutíveis que nem sequer podem coincidir no mesmo tempo de escrita. Assim, em 1930, logo depois de Bernardo Soares aparecer com as suas funções definitivas, Alberto Caeiro deixa de escrever. É como se o silêncio do Mestre Caeiro fosse a condição de possibilidade de Bernardo Soares.

10. No *Livro do Desassossego*, o tema do sonho é fulcral, como o fora em 1913 e 1914. Por vezes tomando o sentido de "devaneio": "Eu nunca fiz senão sonhar. Tem sido esse, e esse apenas, o sentido da minha vida. Nunca tive outra preocupação verdadeira senão a minha vida interior"[9]. Ou ainda: "Em mim o que há de primordial é o hábito e o jeito de sonhar"[10].

Bernardo Soares é uma personagem que se define pelo sonho. E, por essa via, torna-se também um revelador dos próprios mecanismos da heteronímia, que estão geneticamente ligados a um certo exercício do sonho. Por isso define assim a "pulverização da personalidade" (com itálicos dele): "*Substituí os meus sonhos a mim próprio*"[11], ou ainda: "O mais alto grau do sonho é quando, criado um quadro com personagens, vivemos *todas elas* ao mesmo tempo – *somos todas essas almas conjunta e interativamente*"[12].

11. Há na "personagem literária" de Bernardo Soares uma experiência sensacionista da mistura entre os sonhos e as sensações. A sua deambulação pela realidade chega a uma transmutação subjetiva que faz lembrar o desdobramento heterônimo:

8. *Livro do Desassossego*, p. 352.
9. *Idem*, p. 126.
10. *Idem*, p. 491.
11. *Idem*, p. 447.
12. *Idem*, p. 450.

DE ATHENA AO LIVRO DO DESASSOSSEGO   159

Criei em mim várias personalidades. Crio personalidades constan-temente. Cada sonho meu é imediatamente, logo ao aparecer sonhado, encarnado numa outra pessoa, que passa a sonhá-lo, e eu não. Para criar, destruí-me. Tanto me exteriorizei dentro de mim, que dentro de mim não existo senão exteriormente. Sou a cena nua onde passam vários atores representando várias peças[13].

De fato, Bernardo Soares expõe no *Livro do Desassossego* via-gens interiores que conduzem a uma transmutação subjetiva. O fragmento "Educação Sentimental"[14] é o seu modelo, e talvez o seu conseguimento máximo.

No entanto, ao fazer isso ele supera o sistema dos heterôni-mos, ou, pelo menos, escapa à autonomia e modo de existência que são próprios dos heterônimos.

12. Na Carta sobre a Gênese dos Heterônimos, em 1935, tem muito interesse para a caracterização do *Livro* a catalogação como semi-heterônimo do "ajudante de guarda-livros".

O meu semi-heterônimo Bernardo Soares, que aliás em muitas coisas se parece com Álvaro de Campos, aparece sempre que estou cansado ou sonolento, de sorte que tenha um pouco suspensas as qualidades de raciocínio e de inibição; aquela prosa é um constante devaneio. É um semi-heterônimo porque, não sendo a personalida-de a minha, é, não diferente da minha, mas uma simples mutilação dela. Sou eu menos o raciocínio e a afetividade. A prosa, salvo o que o raciocínio dá de *tênue* à minha, é igual a esta, e o português perfei-tamente igual [...][15].

Além de Bernardo Soares não ser um heterônimo, a verdade é que nem sequer é uma "personalidade literária", como erronea-

13. *Idem*, p. 291.
14. *Idem*, p. 439.
15. *Teoria da Heteronímia*, p. 280.

160 INTRODUÇÃO AO ESTUDO DE FERNANDO PESSOA

mente se lê na edição das cartas de Pessoa a Gaspar Simões[16], mas simplesmente uma "personagem literária", como se lê na cópia do datiloscrito da carta a Gaspar Simões de 28 de julho de 1932, que está guardada no espólio[17].

Num outro texto, datável de 1930, lê-se uma explicação estilística precisa da diferença entre Bernardo Soares e um heterônimo:

Há de o leitor reparar que, embora eu publique (publica-se) o *Livro do Desassossego* como sendo de um tal Bernardo Soares, ajudante de guarda-livros na cidade de Lisboa, o não incluí todavia nestas *Ficções do Interlúdio*. É que Bernardo Soares, distinguindo-se de mim por suas ideias, seus sentimentos, seus modos de ver e de compreender, não se distingue de mim pelo estilo de expor. [...] Nos autores das *Ficções do Interlúdio* não são só as ideias e os sentimentos que se distinguem dos meus: a mesma técnica da composição, o mesmo estilo, é diferente do meu. Aí cada personagem é criada integralmente diferente, e não apenas diferentemente pensada. Por isso nas *Ficções do Interlúdio* predomina o verso. Em prosa é mais difícil de se outrar[18].

Será uma definição próxima daquela que propõe E. D. Hirsh Jr.:

O sujeito de enunciação [*speaking subject*] não é [...] idêntico à subjetividade do autor enquanto pessoa histórica real; corresponde, antes, a um aspecto muito limitado e especial da subjetividade total do autor: é, por assim dizer, a "parte" do autor que especifica ou determina o sentido verbal[19].

Portanto, é da construção do gênero narrativo que se trata, de um procedimento literário que dá ao narrador o nome de Bernardo Soares.

16. *Cartas*, p. 91.
17. E3 114²-15-17.
18. *Páginas Íntimas*, p. 105
19. *Apud* Miguel Tamen, "O Apelo ao Autor", p. 108. ·

DE *ATHENA* AO *LIVRO DO DESASSOSSEGO* 161

13. Há um texto – que tem como título "Prefácio"[20] – em que Pessoa apresenta o autor do *Livro do Desassossego*. Deve ser dos finais dos anos 1910. A figura, a que não atribui um nome mas não pode deixar de ser Vicente Guedes, que é a quem está atribuído o *Livro* por essa época, é definida com o grau de precisão que é usado para os heterônimos:

Era um homem que aparentava trinta anos, magro, mais alto que baixo, curvado exageradamente quando sentado, mas menos quando de pé, vestido com um certo desleixo não inteiramente desleixado. Na face pálida e sem interesse de feições um ar de sofrimento não acrescentava interesse, e era difícil definir que espécie de sofrimento esse ar indicava – parecia indicar vários, privações, angústias, e aquele sofrimento que nasce da indiferença que provém de ter sofrido muito.

Jantava sempre pouco, e acabava fumando tabaco de onça. Reparava extraordinariamente para as pessoas que estavam, não suspeitosamente, mas com um interesse especial; mas não as observava como que perscrutando-as, mas como que interessando-se por elas sem querer fixar-lhes as feições ou detalhar-lhes as manifestações de feitio. Foi esse traço curioso que primeiro me deu interesse por ele.

Passei a vê-lo melhor. Verifiquei que um certo ar de inteligência animava de certo modo incerto as suas feições. Mas o abatimento, a estagnação da angústia fria, cobria tão regularmente o seu aspecto que era difícil descortinar outro traço além desse.

Soube incidentalmente, por um criado do restaurante, que era empregado de comércio, numa casa ali perto[21].

A existência deste texto mostra de que modo é variável e se altera a concepção heteronímica, e de que modo ambíguo se vai dar a adequação de Bernardo Soares ao específico lugar de "au-

20. E3 6-1 e 2.
21. *Livro do Desassossego*, pp. 45-46.

tor" do *Livro*. Assim, aquele que começa por ser um autor fictício, como qualquer heterônimo, passa a ser um semi-heterônimo ou uma "personagem literária", e as diferenças substanciais, ou textuais, não passam, afinal, de modos de apresentação, dos títulos e dos subtítulos. Tudo o resto se mantém inalterável. E, mesmo, é notável o acerto de tom entre esta personagem de autor do *Livro*, mesmo sem nome, e o que seria no futuro o tom do seu desenvolvimento como diário poético e metafísico.

14. Entretanto, é na revista *Descobrimento*, em 1931, que surge o mais importante conjunto de textos de Bernardo Soares. São cinco, numa dezena de páginas, e pretendem dar corpo à nova personagem que aparece. É, desta vez, um autorretrato do narrador ao espelho da ficção.

Como é que ele se apresenta então aos contemporâneos – e a nós? Antes do mais, como um prosador. Assim, lê-se no primeiro texto de *Descobrimento*: "Creio bem que, em um mundo civilizado perfeito, não haveria outra arte que não a prosa". Esse escrever em prosa é encarado com uma ambição que iguala a da poesia: "há também na prosa sutilezas convulsas em que um grande ator, o Verbo, transmuda ritmicamente em sua substância corpórea o mistério impalpável do universo"[22].

Depois, o segundo texto desse conjunto mostra-o como aquele que prescinde do raciocínio e se move, rarefeito, à deriva, transformado numa nuvem de sensações soltas, dispersas:

> Sou o intervalo entre o que sou e o que não sou, entre o que sonho e o que a vida fez de mim, a média abstrata e carnal entre coisas que não são nada, sendo eu nada também. Nuvens... Que desassossego se sinto, que desconforto se penso, que inutilidade se quero![23]

22. *Idem*, pp. 234-235.
23. *Idem*, p. 216.

DE ATHENA AO LIVRO DO DESASSOSSEGO 163

Esta expressão é muito clara: o desassossego está diretamente ligado à emoção.

No terceiro texto, Bernardo Soares apresenta-se de novo como escritor: ele é o amador das palavras escritas, na sua forma ortograficamente mais suntuosa. É o mais célebre dos fragmentos, aquele em que se lê: "Minha pátria é a língua portuguesa"[24].

No quarto texto, mostra-se na sua relação privilegiada com um cenário específico, o Terreiro do Paço, ou seja, a Baixa Pombalina, e com a sua rede ultrarracional de ruas iluministas. Mas nem Bernardo Soares é um iluminista, nem um discípulo de Alberto Caeiro, pelo que, para ele, o "ver" – símbolo caeiriano por excelência – é "um êxtase de ver, íntimo e postiço"[25].

No último dos textos, Bernardo Soares delineia a sua configuração ficcional de personagem: "Considero-me feliz por não ter já parentes. Não me vejo assim na obrigação, que inevitavelmente me pesaria, de ter que amar alguém. Não tenho saudades senão literariamente". E aproveita para marcar a traço forte a diferença específica em relação ao seu autor Pessoa: "Abomino com náusea e pasmo […] os místicos de todos os misticismos […] e os misticismos de todos os místicos". E, mais uma vez, opõe-se frontalmente a Alberto Caeiro:

> Lembro a minha infância com lágrimas, mas são lágrimas rítmicas, onde já se prepara a prosa. [...] É de quadros que tenho saudades. Por isso, tanto me enternece a minha infância como a de outrem: são ambas, no passado que não sei o que é, fenômenos puramente visuais, que sinto com a atenção literária. Enterneço-me, sim, mas não é porque lembro, mas porque vejo[26].

24. *Idem*, p. 262.
25. *Idem*, p. 232.
26. *Livro do Desassossego*, p. 220.

164 INTRODUÇÃO AO ESTUDO DE FERNANDO PESSOA

E termina tornando-se uma versão mais branda e em prosa de Álvaro de Campos, que é o que ele parece ser, talvez por força do seu temperamento forjado pela sentimentalidade e pelo abandono:

É esta a minha moral, ou a minha metafísica, ou eu: Transeunte de tudo – até de minha própria alma –, não pertenço a nada, não desejo nada, não sou nada – centro abstrato de sensações impessoais, espelho caído sentiente virado para a variedade do mundo. Com isto, não sei se sou feliz ou infeliz; nem me importa[27].

Este o núcleo do *Livro do Desassossego*, o livro que nunca chegou a tomar uma forma acabada.

15. De fato, na forma textual concreta pela qual chegou até nós, o *Livro* pode ser definido como um hipertexto: a sua leitura é aleatória, porque os diversos fragmentos não têm ordem definida; não tem um princípio nem um fim determináveis; os fragmentos que o compõem são valorizados enquanto trechos autônomos soltos (lexias); e, finalmente, não tem um autor único, pois Pessoa apenas escreveu os fragmentos – a que o editor tem depois de dar uma forma final.

Curioso que um dos grandes livros concebidos por Pessoa releve destas características. Na verdade, Pessoa dá sempre uma importância fundamental à ideia de livro, ele tematiza muitas vezes a grande ansiedade de chegar a construir conjuntos coerentes. No princípio de 1913, Sá-Carneiro escreve uma carta a Pessoa tentando convencê-lo a publicar poemas, e acrescenta (grifo meu): "embora em princípio eu concorde com *a sua resolução de não publicar versos senão em livro*"[28]. É esta, pois, a sua convicção

---

27. *Idem*, pp. 220-221.
28. *Cartas* I, p. 63.

profunda. Mas uma coisa são as intenções de Pessoa, e outra o que os seus modos de escrita lhe permitem.

16. Para Pessoa, as categorias da expressão de si mesmo e da sinceridade não têm lugar no que à arte literária diz respeito, é sempre necessária a mediação de uma outra voz. Mas o *Livro do Desassossego* é, para todos os efeitos, um diário:

> Nestas impressões sem nexo, nem desejo de nexo, narro indiferentemente a minha autobiografia sem fatos, a minha história sem vida. São as minhas Confissões, e, se nelas nada digo, é que nada tenho que dizer[29].

Diário sem narrativa, poesia sem versos.

---

29. *Idem,* p. 60.

XIX

Os Caminhos para o Oculto

1. Nos anos 1915 e 1916, Pessoa traduz seis livros de grandes teósofos, C. W. Leadbeater, Annie Besant, Helena Blavatsky e Mabel Collins. E o certo é que essas traduções, que aceita por razões alimentares, acabam por ser desencadeadoras do seu interesse por essa "religião-filosofia" tão na moda no seu tempo. Uma carta a Sá-Carneiro de 6 de dezembro de 1915 testemunha a este respeito:

Tive de traduzir livros teosóficos. Eu nada, absolutamente nada, conhecia do assunto. Agora, como é natural, conheço a essência do sistema. Abalou-me a um ponto que eu julgaria hoje impossível, tratando-se de qualquer sistema religioso. O caráter extraordinariamente vasto desta religião-filosofia; a noção de força, de domínio, de conhecimento superior e extra-humano que ressumam as obras teosóficas, perturbaram-me muito. [...] Se, depois, reparar em que a Teosofia, porque admite todas as religiões, tem um caráter inteiramente parecido com o do paganismo, que admite no seu Panteão todos os deuses, V. terá o segundo elemento da minha grave crise de alma[1].

Fala nada menos que na possibilidade de residir na teosofia a *verdade real.* O conhecimento estaria ali por inteiro, naquele

---

1. *Correspondência 1905-1922*, pp. 182-183.

168   INTRODUÇÃO AO ESTUDO DE FERNANDO PESSOA

"paganismo transcendental" que, ao mesmo tempo, nem sequer é diferente de um "sistema ultracristão – no sentido de conter os princípios cristãos elevados a um ponto onde se fundem *não sei em que além-Deus*"[2].

A proposta de um "transcendentalismo panteísta" que tinha surgido em *A Águia* em 1912 passa então a ser associada à teosofia. Lê-se na mesma carta a Sá-Carneiro:

> A Teosofia apavora-me pelo seu mistério e pela sua grandeza ocultista, repugna-me pelo seu humanitarismo e *apostolismo* (V. compreende?) essenciais, atrai-me por se parecer tanto com um "paganismo transcendental" (é este o nome que eu dou ao modo de pensar a que havia chegado)[3].

2. Numa outra variação do seu perfil religioso, Fernando Pessoa apresenta uma autodefinição, cerca de 1914, concebida nestes termos:

> Como [os neoplatônicos,] creio que acima de tudo, pessoa impassível, causa imóvel e convicta, paira o *Destino*, superior ao bem e ao mal, estranho à Beleza e à Fealdade, além da Verdade e da Mentira. Mas não creio que entre o Destino e os Deuses haja só o oceano turvo do Caos e o céu mudo da Noite eterna. Creio, como os neoplatônicos, no Intermediário Intelectual, *Logos* na linguagem dos filósofos, Cristo (depois) na mitologia cristã[4].

Este retrato interior parece representar uma certa figura de autor, aquela que se denomina como *ortônimo*, místico e neopagão. Assim se compreende a assertividade deste credo pagão. Mas a cosmogonia aqui descrita, que tem tanto de Milton como

---

2. *Idem, ibidem.*
3. *Idem, ibidem.*
4. *Obras de António Mora*, pp. 145-146.

OS CAMINHOS PARA O OCULTO

de Píndaro (de quem Pessoa cita, no mesmo trecho, a frase "a raça dos deuses e dos homens é uma só"), da cultura inglesa como da tradição helênica, tem também a ver com as raízes culturais de Pessoa, com a tradição e o contexto teosófico.

3. Existe uma correspondência inesperada entre a heteronímimia e a teosofia. É, como se lê na carta à tia Anica de 24 de junho de 1916, a noção de que há um "Mestre desconhecido" que impõe aquela "existência superior" que as faculdades de médium supõem[5]. Como há de escrever numa carta de ruptura a Ofélia Queirós em 1920: "O meu destino pertence a outra Lei, de cuja existência a Ophelinha nem sabe, e está subordinado cada vez mais à obediência a Mestres que não permitem nem perdoam"[6]. Na verdade, é como se estes Mestres que o amarram a um destino inelutável fossem o reverso negro do seu Mestre Caeiro.

O interesse pela teosofia (aliás, muito próximo do Neopaganismo) não só é contemporâneo da eclosão da heteronímia como também se poderia ter tornado tema de *Orpheu*, pois a série de poemas "Além-Deus" iria sair no *Orpheu* 3. Esse lugar "além-Deus", em que todas as contradições se resolvem, é uma poesia paúlica que perde a dimensão de paródia. É também uma experiência de invenção verbal, pois "A Voz de Deus", um dos poemas dessa série, é um exemplo único de conjugação e derivação do verbo *ser*:

Brilha uma voz na noute...
De dentro de Fora ouvi-a...
Ó Universo, eu sou-te...
Oh, o horror da alegria
Deste pavor, do archote
Se apagar, que me guia!

5. *Correspondência 1905-1922*, p. 218.
6. *Idem*, p. 361.

Cinzas de ideia e de nome
Em mim, e a voz: *Ó mundo,*
Sermente em ti eu sou-me...
Mero eco de mim, me inundo
De ondas de negro lume
Em que pra Deus me afundo[7].

4. A interpretação hermética do Sensacionismo é fruto de um discurso da filosofia gnóstica e simbólica que se pode encontrar em certos trechos de um conjunto intitulado "The Way of the Serpent", que constituem um outro tipo de aproximação do próprio conceito de heteronímia:

> Temos que viver intimamente aquilo que repudiamos. [...] Reconhecer a verdade como verdade, e ao mesmo tempo como erro; viver os contrários, não os aceitando; sentir tudo de todas as maneiras, e não ser nada, no fim, senão o entendimento de tudo – quando o homem se ergue a este píncaro, está livre, como em todos os píncaros, está só, como em todos os píncaros, está unido ao céu, a que nunca está unido, como em todos os píncaros[8].

Ora, esta conclusão consegue projetar o Sensacionismo como modo poético e como tendência filosófica e religiosa. O epítome do Sensacionismo – "sentir tudo de todas as maneiras" – pode ter, pois, uma interpretação religiosa e um alcance esotérico. Como lemos escrito num apontamento manuscrito de 1917, a unidade revela-se quando a referência é o princípio de tudo: "a grande Sombra anterior aos Deuses"[9].

5. Pode encontrar-se nesta valorização do oculto uma renovada aposta no exercício da razão. Não se trata de uma suspensão

---

7. *Poesia 1902-1917*, p. 341.
8. *Fernando Pessoa e a Filosofia Hermética*, p. 33.
9. E3 58-35.

do pensamento crítico, mas de um prolongamento do espírito de busca e de curiosidade para além dos seus limites. A sua via preferida não é tanto a do Misticismo, que "procura transcender o intelecto pela intuição", nem a da Magia, que "aspira a transcender o intelecto pelo poder", mas sim a da Gnose, que quer "transcender o intelecto por um intelecto superior"[10]. O meio privilegiado do conhecimento gnóstico é o de um exercício especial da razão.

De resto, é conhecido o distanciamento que Pessoa toma em relação a todas as verdades – incluindo as verdades ocultas:

> Se esses ensinamentos ocultos são verdadeiros, ou apenas especulações abstrusas, é outro problema. Se os hierofantes do oculto têm, na verdade, maior conhecimento da verdade pura do que nós profanos, que a buscamos, se a buscamos, com a leitura; ou a meditação, ou a inteligência discursiva e dialética – não o podemos nós saber. Tudo isso pode ser sinceramente crido pelos iniciados, e ser falso. O oculto pode ter alucinações próprias, enganos seus[11].

E a qualidade da charlatanice é mais de uma vez referida por Pessoa a respeito destes assuntos do oculto.

6. Em setembro de 1930, Aleister Crowley (ou a Besta 666, como se autointitulava), mago, astrólogo e escritor inglês famoso, membro da Hermetic Order of the Golden Dawn, vem a Lisboa de propósito para conhecer Pessoa. Acaba por encenar o seu suicídio na Boca do Inferno, e Pessoa, com o seu amigo jornalista Augusto Ferreira Gomes, colabora ativamente nessa encenação. Aliás, os suicídios naquele litoral de Cascais são muito noticiados na imprensa, e há até um filme, produzido em 1923, intitulado *O Suicida da Boca do Inferno*.

---

10. *Fernando Pessoa e a Filosofia Hermética*, p. 59.
11. *Idem*, p. 45.

172   INTRODUÇÃO AO ESTUDO DE FERNANDO PESSOA

Mas esta performance publicitária espectacular do mago inglês constitui um pretexto que Pessoa desenvolve num projeto de mistificação pública. Combinado com Aleister Crowley, faz um depoimento ao suplemento semanal do jornal mais lido do país, o *Diário de Notícias*, numa operação de criação de um fato envolvendo manipulação dos órgãos de informação. Tão simples (e tão moderno) como isto.

Por outro lado, há neste episódio da visita de Aleister Crowley uma certa afirmação de desencanto. Alguém que se dispõe a montar um truque de suicídio por razões mais ou menos fúteis, que é, em vez de um ritual religioso, uma espécie de número de circo, rebaixa, por esse mesmo gesto, a grande tradição mágica da tradição esotérica ao quotidiano do leitor burguês de magazines. É nesse momento que a figura do *clown* moderno ambiguamente místico ocupa em definitivo o lugar do ocultista antigo da tradição hermética. O próprio esoterismo de Pessoa se vê, neste particular, remetido a um subtema da ficção policial, e ele sente necessidade de lhe acoplar a temática da guerra e da espionagem como o único modo de o tornar viável na sua relação com os leitores que procura ter (ver adiante, em xx.10, a referência à novela policial *The Mouth of Hell*).

7. Em 1931, depois de ter enviado o "Hino a Pã", que é a tradução do poema de um tal Mestre Therion, para publicação na *presença*, e perante a curiosidade de Gaspar Simões, Pessoa explica que esse é o "nome supremo" do "poeta, mago, astrólogo e 'mistério' inglês que em vulgar se chama (ou chamava) Aleister Crowley". E conta-lhe a história de que tal personagem tinha "desaparecido em Lisboa em circunstâncias misteriosas"[12]. Ora, como a *presença* não publicasse o "Hino a Pã", Pessoa volta a

12. *Correspondência 1923-1935*, pp. 229-230.

insistir em outubro. E, dessa vez, já destapa por completo o lado bufão da personagem: "O Crowley, que, depois de se suicidar, passou a residir na Alemanha, escreveu há dias e perguntou-me pela [...] publicação da tradução"[13].

Esta intrincada história, que mete no mesmo saco magia, burla e poesia, não parece corresponder, afinal, a um real comprometimento de Pessoa com a esfera do esoterismo. Nem outra coisa seria possível, por parte de um homem que acredita, segundo as diferentes personalidades que diz assumir, em coisas completamente diferentes umas das outras. Ou, melhor dizendo: por parte de um poeta-pensador que faz explodir a coerência de um sistema único, preferindo-lhe sempre o múltiplo, o contraditório e o paradoxal. Só assim se pode compreender que Pessoa defenda alguém como Aleister Crowley.

8. O certo é que a importância dada por Fernando Pessoa ao esoterismo, sobretudo nos poemas assinados com o seu próprio nome, volta a ser determinante na poesia dos seus últimos anos: "O Último Sortilégio" em 1930, "Iniciação" em 1932 (que retoma numa perspectiva gnóstica a "Abdicação" de vinte anos antes), o atrás transcrito "Eros e Psique" em 1934 (que abre com uma epígrafe "Do ritual do Grau de Mestre do Átrio / na Ordem Templária de Portugal") são disso claros exemplos.

Estamos a falar do ortônimo, mas o próprio Álvaro de Campos participa, à sua maneira, da inquietação com o oculto (o já citado "Demogorgon" é um exemplo). Além de outros textos com estes relacionáveis, como, sobretudo, os fragmentos do *Fausto.*

9. Em carta à Tia Anica de 24 de junho de 1916 sobre as suas experiências mediúnicas, chega a contar, inteiramente a sério,

---

13. *Idem,* p. 240.

174 INTRODUÇÃO AO ESTUDO DE FERNANDO PESSOA

que se vira no espelho multiplicado por quatro caras de desconhecidos[14]. Do mesmo modo, em 1935 há um parágrafo sobre ocultismo a culminar a Carta sobre a Gênese dos Heterônimos. Na *presença* 49, em 1937, onde pela primeira vez a carta a Casais Monteiro surge, esse parágrafo é suprimido (a pedido de Pessoa, pois previa que a carta fosse publicada). Tal ato de ocultação, como é óbvio, tem como efeito maior sublinhar o interesse do que sobre ocultismo aí é dito. Que vai tardar 34 anos a ser revelado, o que só virá a acontecer na 2ª edição da biografia de Gaspar Simões:

> Creio na existência de mundos superiores ao nosso e de habitantes desses mundos, em existências de diversos graus de espiritualidade, subtilizando-se até se chegar a um Ente Supremo, que presumivelmente criou este mundo. Pode ser que haja outros Entes, igualmente Supremos, que hajam criado outros universos, e que esses universos coexistam com o nosso, interpenetradamente ou não[15].

Reencontra-se assim a dimensão religiosa pagã da obra de Pessoa, com esta ideia dos vários Entes Supremos possíveis. E, logo adiante no mesmo parágrafo, sobre os modos e os meios para comunicar com os Entes Supremos:

> Há três caminhos para o oculto: o caminho mágico (incluindo práticas como as do espiritismo, intelectualmente no nível da bruxaria, que é magia também), caminho esse extremamente perigoso, em todos os sentidos; o caminho místico, que não tem propriamente perigos, mas é incerto e lento; e o que se chama o caminho alquímico, o mais difícil e o mais perfeito de todos, porque envolve uma transmutação da própria personalidade que a prepara, sem grandes riscos, antes com defesas que os outros caminhos não têm[16].

14. *Correspondência 1905-1922*, p. 218.
15. *Teoria da Heteronímia*, p. 281.
16. *Idem*, pp. 281-282.

OS CAMINHOS PARA O OCULTO

Sabe-se que Pessoa mantém certas práticas espíritas em 1916 e 1917, como as comunicações mediúnicas, mas isso dá-se num período muito restrito de tempo[17]. Pelo teor desta distinção dos caminhos mágico, místico e alquímico, compreende-se que é este último o que está em harmonia com a sua prática poética. Sobretudo se notarmos o aspecto de "transmutação da própria personalidade" que é uma das perspectivas, simultaneamente, do caminho alquímico e da criação heteronímica. Toda a concepção da poesia dramática, do desdobramento e do fingimento encontram aí um sentido. E o lado mistificatório da heteronímia, de que alguns presencistas falam, vê-se compensado por essa dimensão metafísica.

Por outro lado, a relação entre misticismo e poesia passa, no início do século XX, pela valorização da diferença entre os saberes comum (exotérico) e reservado e especial (esotérico):

> Iniciado exotérico é, por exemplo, qualquer maçon, ou qualquer discípulo menor de uma sociedade teosófica ou antroposófica. Iniciado esotérico é, por exemplo, um Rosa-Cruz, um Francis Bacon, seja. Iniciado Divino é, por exemplo, um Shakespeare. A este tipo de iniciação vulgarmente se chama gênio[18].

Pessoa estabelece aqui o gênio poético como a forma mais alta de iniciação, forma essa – o gênio – que vai muito para além do esquema do esoterismo.

10. É notável a quantidade e importância, nos últimos anos de Pessoa, dos poemas sobre a cabala, a alquimia ou as ordens iniciáticas. Em 1935, a revista *Sudoeste*, dirigida por Almada, deveria ter publicado um tríptico de sonetos intitulado "No Túmulo

---

17. *Escritos Autobiográficos,* pp. 212-331.
18. *Sobre Portugal,* p. 173.

de Christian Rosencreutz", escrito nesse mesmo ano, em que a temática rosicruciana é explícita. Lê-se no primeiro deles, que contém, de novo, um eco nítido do parágrafo sobre o ocultismo da *Carta sobre a Gênese dos Heterônimos*:

> Deus é o Homem de outro Deus maior:
> Adão Supremo, também teve Queda;
> Também, como foi nosso Criador,
>
> Foi criado, e a Verdade lhe morreu...[19]

A referência às "escalas de seres" é um credo esotérico que sublinha o caráter oculto da verdade (de fato, neste poema diz-se com toda a clareza que a verdade é e só pode ser oculta: "Nem Deus, que nos criou, em Si a inclui").

Finalmente, numa "Nota Biográfica", datada de 30 de março de 1935, pode ler-se com inesperada clareza:

> *Posição religiosa:* Cristão gnóstico, e portanto inteiramente oposto a todas as Igrejas organizadas, e sobretudo à Igreja de Roma. Fiel, por motivos que mais diante estão implícitos, à Tradição Secreta do Cristianismo, que tem íntimas relações com a Tradição Secreta em Israel (a Santa Kabbalah) e com a essência oculta da Maçonaria.
>
> *Posição iniciática:* Iniciado, por comunicação direta de Mestre a Discípulo, nos três graus menores da (aparentemente extinta) Ordem Templária de Portugal[20].

A face de Fernando Pessoa em que se reflete o esoterismo e o nacionalismo está aqui configurada. Esta "Nota Biográfica" é um texto de conclusão, um bilhete de identidade e uma espécie de cólofon da sua obra ortônima.

---

19. *Poesia 1931-1935*, pp. 439-440.
20. *Escritos Autobiográficos*, p. 205.

XX
A Ficção Policial e Filosófica

1. Durante a sua vida publica um único conto, "O Banqueiro Anarquista", além dos doze trechos do *Livro do Desassossego*. Já o conjunto da ficção em prosa de Pessoa publicada postumamente é considerável. Além de António Mora e da sua filosofia neopagã e dos livros de memórias ficcionais do Barão de Teive e de Bernardo Soares, encontra-se ainda uma larga quantidade de contos a que chama *policiais* e muitos outros de variado teor.

De resto, a partir do que se conhece das pesquisas a partir do espólio, pode ver-se uma progressiva presença da ficção narrativa na história da escrita de Pessoa. Nos primeiros anos, entre 1903 e 1906, tenta escrever, sob o nome de Horace James Faber, Adolph Moscow ou Marvell Kisch, alguns contos, sobretudo *detective stories*. Depois de 1906, já em Lisboa, Alexander Search escreve um conto, neste caso completo, "A Very Original Dinner", e vão-se acumulando projetos de muitos outros contos. Em 1912, são atribuídos a Pero Botelho, entre outros, "O Vencedor do Tempo", "O Eremita da Serra Negra" e toda a série *Quaresma, Decifrador*[1]. Nomes importantes são os de Vicente Guedes e Bernardo Soa-

1. E3 25-134.

178 INTRODUÇÃO AO ESTUDO DE FERNANDO PESSOA

res. Primeiro são autores de contos, depois, um a seguir ao outro, aparecem ligados ao *Livro do Desassossego*. De 1928 data o Barão de Teive, uma nova figura associada a uma prosa narrativa: *A Educação do Estoico*. Deve notar-se desde já que, à exceção das ficções publicadas, quase todas as que ficaram inéditas são muito incompletas. Trata-se de uma parte da obra de Pessoa que tira toda a sua importância de intenções e projetos, tendo chegado até nós apenas apontamentos para contos que não terminou.

2. A publicação na *Contemporânea* do conto "O Banqueiro Anarquista", em 1922, num tempo de ressaca da prodigiosa década anterior, vem expor na perfeição o amadurecimento das tensões revolucionárias que habitam a Vanguarda. Além disso, Fernando Pessoa, com "O Banqueiro Anarquista", faz a exemplificação de uma arte literária moderna, isto no ano seguinte a serem publicados os livros *Leviana* de António Ferro e *A Invenção do Dia Claro* de Almada, dois textos centrais do Modernismo em prosa. E pode dizer-se que o conto de Pessoa é puro Interseccionismo, dado que a personagem do "banqueiro anarquista" resulta da intersecção de duas personagens que estão nos antípodas uma da outra. O discurso dessa personagem interseccionista realiza o prodígio de tornar verossímil a coincidência entre os pontos de vista do poder do dinheiro e do antipoder libertário. O resultado é um exercício de argumentação, partindo de uma temática política muito discutida naquela época de convulsão econômica, social e ideológica da Primeira República.

Deveria fazer parte, segundo um projeto[2], de um conjunto intitulado "Antíteses", que é uma designação, ao mesmo tempo, retórica e filosófica. E do qual poderia fazer parte um sublime

2. *O Mendigo*, p. 14.

texto do conto "Janela Pequena" do decifrador Quaresma, que adiante será referido.

3. Em 1926, Pessoa publica, sob o título "Um Grande Português", uma crônica sobre a origem da expressão "o conto do vigário" que, na verdade, é um conto, três anos mais tarde republicado com alterações. Tal como outras crônicas e artigos de jornal que Pessoa publica incluem elementos ficcionais. De fato, a ficção está no centro da obra de Pessoa. António Mora, que se torna um heterônimo filósofo, começa por ser uma personagem de um conto, "Na Casa de Saúde de Cascais". Abílio Quaresma, o heterônimo a quem é atribuído um "estudo de detecção superior" sobre a questão da verdadeira identidade de Shakespeare[3], é muito mais importante como protagonista de uma série extensa de apontamentos para contos policiais do que como ensaísta. Maria José, que assina "A Carta da Corcunda para o Serralheiro" em 1929, é uma personagem de conto e, simultaneamente, um heterônimo feminino.

Bernardo Soares é o melhor exemplo desta ambivalência, pois começa por ser um projeto de heterônimo como tantos outros[4], até se tornar, com o *Livro do Desassossego*, um semi-heterônimo, uma "personagem literária"[5]. Tal como o Barão de Teive é uma personagem literária, o narrador da sua própria história, embora com características que o aproximam de um heterônimo, como certos elementos extratextuais que informam sobre o autor.

4. A experiência que contribui para o renascimento do *Livro do Desassossego*, o grande livro em prosa de Pessoa, é a criação, em 1928, dessa outra figura de prosador, um aristocrata deses-

3. *Teoria da Heteronímia*, p. 108.
4. *Idem*, p. 101.
5. *Idem*, p. 255.

180 INTRODUÇÃO AO ESTUDO DE FERNANDO PESSOA

perado cuja história termina em suicídio: o Barão de Teive. Pode dizer-se que a cristalização de Bernardo Soares como "ajudante de guarda-livros na cidade de Lisboa", um pequeno empregado agarrado à vida, corresponde a uma espécie de "derivação oposta" à do Barão de Teive, como, segundo a Carta sobre a Gênese dos Heterônimos, Álvaro de Campos o é em relação a Ricardo Reis.

A prosa narrativa é o gênero mais cultivado por Pessoa nos seus últimos anos. E, nas suas palavras, "Em prosa é mais difícil de se outrar"[6], porque a prosa não tem uma complexidade composicional e prosódica que permita a construção de um efeito de estilo claro e evidente. Daí que o Barão de Teive seja apresentado por Pessoa como próximo mas diferente de Bernardo Soares: são ambos "figuras minhamente alheias, só que o português do fidalgo é intelectual, despido de imagens, um pouco – como direi? – hirto e restrito; e o do burguês é fluido, participando da música e da pintura, pouco arquitetural"[7]. Repare-se: a expressão "minhamente alheias" significa que a *despersonalização* ou o *desdobramento* de que tantas vezes fala como caracterizando a heteronímia já pouco significa.

Aliás, toda a importância concedida à prosa tem a ver com a diluição progressiva da própria arquitetura heteronímica e a cada vez menor importância da atribuição aos diferentes *autores* nos últimos anos de Pessoa – aquele que é definível, nas palavras de Richard Zenith, como "o momento da semi-heteronímia"[8].

5. Pessoa escreve uma carta a Gaspar Simões, a 28 de julho de 1932, em que expõe demoradamente os seus projetos de publicação. E termina dizendo, a propósito de uns folhetos e artigos que tem na ideia: "O mais provável é que, escritos que sejam em

6. *Páginas Íntimas*, p. 105.
7. *Idem*, p. 104.
8. Cf. *A Educação do Estoico*, pp. 96-97.

A FICÇÃO POLICIAL E FILOSÓFICA 181

português, os traduza para inglês e os publique primeiro (naturalmente em revista) em Inglaterra"[9]. Ou seja, numa altura em que projeta o livro que virá a ser *Mensagem*, bem como o *Cancioneiro* com os poemas ortônimos, Pessoa pensa ainda em tentar umas publicações em Inglaterra.

A sua ideia manter-se-á ainda na Carta sobre a Gênese dos Heterônimos em 1935:

> Estou agora completando uma versão inteiramente remodelada do "Banqueiro Anarquista", essa deve estar pronta em breve e conto, desde que esteja pronta, publicá-la imediatamente. Se assim fizer, traduzo imediatamente esse escrito para inglês, e vou ver se o posso publicar em Inglaterra. Tal qual deve ficar, tem probabilidades europeias[10].

De fato, escreve passagens dessa remodelação, e até mesmo páginas dessa tradução[11]. Não conclui uma nem outra, porque raramente conclui. Mas a sua vontade de Europa permanece bem viva.

Do mesmo modo, a publicação de uma "novela policial, que ainda não consegui completar"[12] como livro primeiro das suas obras é comunicado na Carta sobre a Gênese dos Heterônimos como sendo uma intenção sua. Acabou por ser a *Mensagem* o primeiro desses livros, para logo comentar com Casais Monteiro que "não foi feliz a estreia"[13].

6. Existem muitas passagens completas em si mesmas nos (esboços de) contos policiais. Numa delas, que se encontra num conto intitulado "Janela Pequena", lê-se uma tirada daquele que é o mentor, com o nome extraordinário de Tio Porco, do racioci-

---

9. *Correspondência 1923-1935*, p. 271.
10. *Teoria da Heteronímia*, p. 274.
11. *O Banqueiro Anarquista*, pp. 67-70.
12. *Teoria da Heteronímia*, p. 338.
13. *Idem, ibidem.*

nador Abílio Quaresma, em que se explica um dos grandes temas da ficção policial em Fernando Pessoa – a prevalência dos argumentos sobre os fatos. E que é também uma teoria do conhecimento – dado que a filosofia é para Pessoa um jogo de ideias e uma invenção de mundos, presente até na sua forma aparentemente mais lúdica de escrita. Eis uma parte da explicação do dito Tio Porco:

[...] as falhas da inteligência científica e da inteligência filosófica são de duas ordens – as falhas gerais e as falhas particulares. Por falhas particulares entendo as falhas peculiares de cada caso que não pertencem à essência desse tipo de inteligência, mas ao seu contato com determinado assunto. Por falhas gerais entendo, é claro, aquelas que são substanciais nesses tipos de inteligência. Ora a falha essencial da inteligência científica é crer que há fatos. Não há fatos, meus amigos, há só preconceitos. O que vemos ou ouvimos, ou de qualquer modo percebemos, percebemo-lo através de uma rede complexa de preconceitos – uns longinquamente hereditários, como são os que constituem a essência dos sentidos, outros proximamente hereditários como são os que constituem a orientação dos sentidos, outros propriamente nossos, derivados da nossa experiência, e que constituem a infiltração da memória e do entendimento na substância dos sentidos. Parece-me que estou sendo um bocadito abstruso de mais, mas eu explico.

Vejo aquela mesa. O que vejo, antes de mais nada – antes num sentido lógico, ou biológico, se quiserem – é uma coisa de determinada forma, de determinada cor etc. Isso é o que é da longínqua hereditariedade dos sentidos, pois isso veem, com pequeníssimas diferenças, dependentes da estrutura pessoal do órgão dos sentidos, os outros homens exatamente como eu, e naturalmente, os próprios animais, de modo pouco diferente do que eu. Vejo, depois, no mesmo sentido de depois, uma mesa – o que só pode "ver" quem tenha vivido num lugar, ou uma civilização, onde existem mesas, coisas daquele feitio a que chamam "mesas". É esta a visão nascida da minha hereditariedade próxima – próxima, é claro, em relação ao que a outra é de longínqua. E vejo, finalmente, uma mesa que está associada no meu espírito a variadas coisas. Vejo tudo

A FICÇÃO POLICIAL E FILOSÓFICA 183

isto, todos estes três elementos de preconceito, com a mesma visão, com o mesmo golpe de vista, consubstanciados, unos.

Ora o defeito central da inteligência científica é crer na realidade objetiva deste triplo preconceito. É claro que à medida que nos afastamos do preconceito pessoal em direção ao preconceito por assim dizer orgânico, aproximamo-nos, não direi do fato, mas da comunidade de impressões com as outras pessoas, e assim do "fato" efetivamente, mas não num sentido teórico, senão num sentido prático. A realidade é uma convenção orgânica, um contrato sensual entre todos os entes com sentidos[14].

Esta análise é assumida também por Abílio Quaresma, por exemplo, num fragmento de "O Caso Vargas": "O que venho trazer não são fatos, mas raciocínios; isto não traz só elementos para a verdade, mas a própria verdade"[15]. E, neste ponto, reafirma que o sentido que se atribui à realidade é que é a realidade. Argumento que Álvaro de Campos assim aplica ao campo estético: "Toda a arte é uma forma de literatura, porque toda a arte é dizer qualquer coisa"[16]. Mas o modo pelo qual o Tio Porco o coloca leva até ao limite esse argumento.

De lembrar, aliás, que já antes de 1907 existe um projeto comum de Charles Robert Anon e de Horace James Faber, *The Plausibility of All Philosophies* (E3 48A-66 e 66v)[17], em que defendem uma teoria que já antecipa aquela afirmação suprema da mente humana que tanto convém a um raciocinador.

7. Pero Botelho seria o autor de uns *Contos Intelectuais e Outros*[18] – o que sinaliza a forma que devem tomar: discussões sobre conceitos, muitas vezes diálogos entre mestre e discípulo. Na ver-

14. *Quaresma*, pp. 357-358.
15. *Idem*, p. 76.
16. *Textos de Crítica*, p. 279.
17. *Teoria da Heteronímia*, p. 59.
18. *O Mendigo*, p. 9.

184 INTRODUÇÃO AO ESTUDO DE FERNANDO PESSOA

dade, os sistemas filosóficos são tratados como ficções, sem que tudo se reduza apenas a puros exercícios de fantasia. Lembrando muitas vezes, por exemplo em "O Vencedor do Tempo"[19] ou "O Eremita da Serra Negra"[20] a mesma pulsão de conhecimento, no sentido filosófico, que a experiência poética de um Alberto Caeiro pode conter, mas avançando nos sentidos mais inesperados. Eis o que diz a personagem do eremita no conto citado:

> Quantas teorias tenho pensado, sobre tudo; sobre quantas ciências tenho meditado até chegar a novidades. Antigamente ciência, natureza, interessavam-me por mim pensador e trabalhador-teorista. Poderia ter feito um nome grandemente vazio, e retumbantemente estéril. Veio-me cedo a consciência da futilidade de tudo. Vim para aqui. Continuei a ler, mas não escrevo, nem outra coisa. Destruí o que escrevera e anotara. Pensava, teorizava e sofria. Hoje passei além. O pensamento tornou-se--me a alma. Sentimentalizou-se, dispersou-se por mim, perdendo o seu ser de pensamento e lógica. Hoje já não penso; sinto a reflexão. Penso com o sentimento. Raciocino-me[21].

Há aquela atrás citada lista de contos de Pero Botelho em que se inclui o próprio *Quaresma, Decifrador* (E3 25-134). Ele seria, pois, o grande ficcionista em potência do universo de Pessoa.

8. Os contos fragmentários publicados em volumes sob os títulos *Quaresma, Decifrador* ou *O Mendigo e Outros Contos*, por exemplo, exibem a condição textual da obra de Pessoa. Sob cada um dos títulos de contos, justapõem-se apontamentos que são variações dos nomes e pormenores da intriga, mas que não colam uns aos outros e nem sequer cobrem a história nos seus pontos essenciais. Além dos habituais espaços deixados em branco

19. *Textos Filosóficos* II, p. 255.
20. *O Mendigo*, p. 39.
21. *Idem*, p. 49.

A FICÇÃO POLICIAL E FILOSÓFICA 185

nas frases e das palavras ilegíveis, o aspecto desconjuntado destes contos é avassalador, sobretudo sensível no caso do gênero policial, que requer uma completude mínima. O fato de os sucessivos projetos de contos irem ficando inacabados uns atrás dos outros, em vez de, pelo menos alguns, se completarem, parece sugerir que Pessoa anda à procura de uma forma que corresponda ao desejo de escrever "novelas para o povo"[22] (ele que, nos anos 1930, escreve centenas de quadras ao gosto popular e pensa *Mensagem* para ter larga divulgação imediata), mas que embate, a cada momento, contra a impossibilidade de escrever respeitando os trâmites convencionais que definem conto e novela.

9. É como se Abílio Quaresma fosse uma metáfora de Fernando Pessoa. Definindo-se como um "médico sem clínica e decifrador de charadas"[23], ele manifesta "incapacidade quase total de escrever, como que, um pouco, por escrever ser composto de objetos, e haver papel, tinta, caneta na organização do resultado"[24]. Ora, é dessa incapacidade mesma que sofre Pessoa, dessa falha sistemática que lhe torna impossível *fazer literatura*.

Numa outra definição, Abílio Quaresma é dito ter um "tipo indeciso de asceta da Baixa", o que o aproxima de Bernardo Soares e, de novo, de uma imagem autobiográfica de Pessoa. Ele constitui a evolução de uma figura de detetive que o precede, o ex-sargento William Byng, "alcoólico, apreciador de Emmanuel Kant e, como mandam as regras, infalível nos seus raciocínios"[25]. Ora, essa evolução, com a escrita dos primeiros fragmentos de novelas policiais e a definição da figura do "decifrador", ocorre precisamente entre 1913 e 1914, por altura da constituição da he-

22. *Quaresma*, p. 283.
23. *Idem*, p. 33.
24. *Idem*, p. 35.
25. Ana Maria Freitas, "O Enigma em Pessoa", p. 39.

186   INTRODUÇÃO AO ESTUDO DE FERNANDO PESSOA

teronímia e da definição poética do Sensacionismo, ou seja, na fase criadora por excelência. Encontramos, pois, mais centralidade do que era de esperar neste "asceta da Baixa" e raciocinador.

10. Há ainda os contos breves, de que a "Fábula" sobre uma rosa de seda, publicada em 1915[26], é o exemplo melhor, constituindo uma boa exemplificação da estética aristotélica. Outros há com fundo moral, mesmo que desconcertante, como "A Carta da Corcunda para o Serralheiro"[27] ou a sua variação "O Gramofone", outros ainda com um tom paródico, como "Empresa Fornecedora de Mitos, Lda."[28] ou as várias "Fábulas para as Nações Jovens"[29]. Curiosamente, muitos estes contos estão em estado textual acabado, ou quase.

Depois, há os contos de tema esotérico, como "A Hora do Diabo" ou "O Peregrino"[30], que podem ter um alcance (ou poderiam ter, se fossem mais que esboços) de alegorias de temáticas fundamentais da poesia, como esse tão curioso "A Perversão do Longe"[31], em que se cria uma personagem afim do "homem dos sonhos" dos anos 1913.

11. No gênero policial, há um interessante projeto de novela associado ao caso Aleister Crowley: *The Mouth of Hell (A Boca do Inferno)*[32]. É quase uma centena de páginas, com muitas lacunas, repetições e variações.

O ponto de partida é um fato histórico. O escritor inglês, artista e praticante de rituais mágicos Aleister Crowley, que é uma

26. *Crítica*, p. 102.
27. *Pessoa por Conhecer*, p. 256.
28. *O Mendigo*, pp. 107 e 125.
29. *Pessoa Inédito*, pp. 422-427.
30. *O Mendigo*, p. 65.
31. *Idem*, p. 55.
32. *Encontro Magick*, pp. 401-499.

A FICÇÃO POLICIAL E FILOSÓFICA

espécie de estrela *pop* do esoterismo, chega a Lisboa de barco a 2 de setembro de 1930 (acompanhado da jovem Hanni Jaeger, que depois se irá embora sozinha a 20) e, no dia 23 desse mês, finge suicidar-se atirando-se ao mar na Boca do Inferno, ao pé de Cascais, deixando, em cima de uma pedra, uma cigarreira em cima de uma carta que é dirigida à jovem que partira. Pessoa, por meio de duas entrevistas a jornais, contribui para a verossimilhança da cena.

A história acaba por ter repercussões europeias[33], tendo sido noticiada com algum relevo em Inglaterra (por intermédio de uma notícia no jornal *Oxford Mail*, aí colocada por Israel Regardie, secretário de Aleister Crowley) e em França (no semanário *Le Détective*, em que Augusto Ferreira Gomes consegue fazer publicar uma tradução, feita por Pessoa, da reportagem saída no *Diário de Notícias* a 4 de outubro), e isto porque Aleister Crowley é uma figura relativamente célebre, conhecido tanto pelos seus livros como pelos mitos que dissemina à sua volta. O seu falso suicídio lisboeta parece, aliás, ter um desígnio publicitário, que era suposto servir-lhe para lançar futuras empresas.

Do ponto de vista de Pessoa, a relação que estabelece com Aleister Crowley tem, desde o princípio, sobretudo a ver com literatura. Começa por uma carta que Pessoa lhe envia a retificar um erro cometido por ele no seu próprio horóscopo. Aleister Crowley responde-lhe para agradecer, e Pessoa envia-lhe logo, tal como à editora que intermediara o seu contato, a Mandrake Press, os três livrinhos em inglês que publicara em 1918 e 1921. Imediatamente o grande mago decide vir a Lisboa: "I have, indeed, taken the arrival of your poetry as a definite Message, wich I should like to explain in person"[34]. Durante o período em que

---

33. Cf. *Encontro Magick, passim.*
34. "Tomei logo a chegada da sua poesia como uma Mensagem definitiva, que eu gostaria de explicar-lhe em pessoa" (*Encontro Magick*, p. 311).

188 INTRODUÇÃO AO ESTUDO DE FERNANDO PESSOA

Crowley está em Lisboa, Pessoa apresenta-lhe um projeto de traduções da literatura portuguesa, que obtém a sua aprovação, e que Pessoa envia a seguir para a Mandrake Press – acrescentando-lhe a proposta da edição dos seus próprios poemas em inglês, com um prefácio de Aleister Crowley. Alguns dias mais tarde, aliás, essa editora tentará vender-lhe 1 500 libras em ações, tentando aliciá-lo com a esperança de glória literária em Inglaterra[35], e é nessa altura que Pessoa compreende que está enredado nas malhas de um "conto do vigário" e que não há nenhuma possibilidade dessa edição se concretizar.

No entanto, começa a redigir *The Mouth of Hell*, e mantém a esperança de aproveitar a notoriedade europeia daquele caso de suicídio misterioso para tentar a publicação dessa novela em Inglaterra, chegando a pedir a Augusto Ferreira Gomes que tente colocar uma tradução dela em França. O narrador e protagonista é um detetive inglês, e envolve todos os fatos históricos numa ficção complexa, em que entram uns misteriosos agentes que perseguem Aleister Crowley.

É no contexto desta operação que tomam lugar o depoimento e a entrevista de Pessoa, um publicado a 4 de outubro no *Notícias Ilustradas* e a outra a 16 de dezembro no semanário *Girassol*[36]. O depoimento de Pessoa é incluído numa reportagem escrita por Augusto Ferreira Gomes, jornalista do *Diário de Notícias*, intitulada "O Mistério da Boca do Inferno", e que apresenta fatos que são todos confirmáveis pela leitura das cartas que são publicadas em *Encontro Magick*[37] – até o momento do desaparecimento de Aleister Crowley, a partir do qual passa a misturar fatos com fantasias. A leitura das cartas, aliás, mostra bem que todo o pro-

35. *Idem*, pp. 159-160.
36. *Crítica*, pp. 412 e 425.
37. 1ª ed. 2001, 2ª ed. 2010.

cesso é combinado entre eles, e que a própria reportagem passa a constituir uma nova peça na criação do acontecimento. Quanto à entrevista publicada dois meses mais tarde – e que é, de fato, um texto integralmente escrito por Pessoa[38] – a tese do suicídio é substituída pela do assassinato na explicação do desaparecimento. É também introduzida uma nova personagem, um "investigador particular" inglês que teria vindo a Lisboa, interessado pela história.

Este detetive inglês não é outro senão o protagonista-narrador da novela *The Mouth of Hell*, e a entrevista é, agora, uma peça na criação de um espaço em que confluem realidade e ficção, ou, talvez melhor, um espaço intervalar entre a realidade e a ficção, que consiste numa suspensão das suas diferenças. O suicídio inventado por Aleister Crowley, Augusto Ferreira Gomes e Pessoa prolonga-se, assim, na novela inventada por Pessoa para dar sentido a um acontecimento falado na imprensa envolvendo um conhecido mago europeu. A síntese entre imaginação e experiência, entre palavras e coisas atinge neste episódio um ponto culminante na obra de Pessoa.

---

38. *Encontro Magick*, p. 272.

XXI
A Poética do Fingidor: "Autopsicografia"

1. Numa carta a Côrtes-Rodrigues de 19.1.1915, já citada, Pessoa define o Paulismo como insincero, mas logo acrescenta que não é esse o caso dos heterônimos. E explica então o seu conceito de sinceridade:

> Chamo insinceras às coisas feitas para fazer pasmar, e às coisas, também – repare nisto, que é importante – que não contêm uma fundamental ideia metafísica, isto é, por onde não passa, ainda que como um vento, uma noção da gravidade e do mistério da Vida. Por isso é sério tudo o que escrevi sob os nomes de Caeiro, Reis, Álvaro de Campos. Em qualquer destes pus um profundo conceito da vida, diverso em todos três, mas em todos gravemente atento à importância misteriosa de existir[1].

Esta sinceridade significa revelação, e deve distinguir-se da sinceridade da *presença*, que pressupõe uma expressão mais ou menos direta da experiência humana do artista.

2. Quando a *presença* começa a ser publicada, em 1927, a obra de Pessoa sofre uma inflexão importante. Primeiro, a certeza de que a nova geração o lê e valoriza traz-lhe um óbvio conten-

---

1. *Correspondência 1905-1922*, p. 142.

tamento. Depois, o espaço de reflexão que a revista oferece torna-lhe possível definir com outra precisão a sua própria poética. E nela publicará textos relevantes para esse esclarecimento, de que "Autopsicografia" é apenas o mais célebre. De fato, a questão da sinceridade está no centro da discussão estética com o grupo da *presença*.

A este respeito, há uma troca de cartas reveladora entre Pessoa e Adolfo Rocha, em junho de 1930, em que este responde com violência à ideia explicada por Pessoa de que, para o poeta, "a sensibilidade é o inimigo". O futuro Miguel Torga define deste modo essa ideia: "um poeta de predominância intelectual é ridículo". E, quanto ao apelo que Pessoa faz à "consciência de si mesmo", ele é assim respondido por Adolfo Rocha: "A 'consciência de si mesmo' num poeta, quando tomada num sentido exagerado, como o seu, aniquila toda a expressão sincera e desconcertante..."[2]

Pessoa escreve, no rascunho de uma segunda carta (não enviada) de resposta a Adolfo Rocha, o que seria um desenvolvimento da sua posição, definindo dois tipos de artista:

a) o inspirado ou espontâneo, em quem o reflexo crítico é fraco ou nulo, o que não quer dizer nada quanto ao valor da obra; b) o reflexivo e crítico, que elabora, por necessidade orgânica, o já elaborado.

Dir-lhe-ei, e estou certo de que concordará comigo, que nada há mais raro neste mundo que um artista espontâneo[3].

Neste ponto, torna-se evidente que, do seu ponto de vista, o primeiro tipo de artista corresponde ao ideal poético da *presença*, enquanto o segundo sintetiza a poética de *Orpheu*.

Mas Pessoa não chegou a enviar esta segunda carta. Talvez porque o diálogo não era possível naqueles termos.

2. *Correspondência 1923-1935*, pp. 207 e 411.
3. *Idem*, p. 209.

A POÉTICA DO FINGIDOR: "AUTOPSICOGRAFIA"

3. "Autopsicografia" e "Isto" são dois poemas que podem ser aproximados da correspondência trocada com os presencistas por essa altura. Pode ler-se, por exemplo, numa carta de Pessoa a Casais Monteiro em 11.1.1930[4]:

> O que sentimos é somente o que sentimos. O que pensamos é somente o que pensamos. Porém o que, sentido ou pensado, novamente pensamos como *outrem* – é isso que se transmuta naturalmente em arte, e, esfriando, atinge forma.

Ora, "pensar como *outrem*" não significa, exatamente, fingir? O poema "Autopsicografia" é escrito em 1 de abril de 1931 e publicado na *presença* 36, em 1932:

> O poeta é um fingidor.
> Finge tão completamente
> Que chega a fingir que é dor
> A dor que deveras sente.
>
> E os que leem o que escreve,
> Na dor lida sentem bem,
> Não as duas que ele teve,
> Mas só a que eles não têm.
>
> E assim nas calhas de roda
> Gira, a entreter a razão,
> Esse comboio de corda
> Que se chama o coração.

O *fingidor*, etimologicamente, é aquele que modela a argila, isto é, o fazedor de imagens. *Figura* tem a mesma raiz etimológica que *fingir*, e significa "forma plástica"[5]. Assim, o termo *fingidor*

---

4. *Correspondência 1923-1955*, p. 191.
5. Erich Auerbach, *Figura*, p. 14.

INTRODUÇÃO AO ESTUDO DE FERNANDO PESSOA

implica a consciência da poesia como construção de imagens ou de formas, nos antípodas da valorização da sinceridade. É neste sentido que se pode dizer que "Autopsicografia" participa na discussão presencista em torno desse tema.

Mas o fingir poético é também um tema que se relaciona com o privilégio do pensar que atravessa a obra de Pessoa. Já no tempo do Sensacionismo escreve: "Só o que se pensa é que se pode comunicar aos outros. O que se sente não se pode comunicar"[6].

O raciocínio precisa de se entreter com o "comboio de corda / Que se chama o coração", o que aproxima o processo poético de uma brincadeira de crianças. No fundo, é a mesma brincadeira a sério com que a criança de Almada Negreiros desenha uma flor[7], ou aquele jogo das "cinco pedrinhas" a que brincam o deus-criança e o poeta no poema VIII do *Guardador de Rebanhos*. O poema releva desse distanciamento próprio do jogo. Ou daquele "humorismo da razão" de que Gaspar Simões fala no seu ensaio pioneiro de 1931, "Fernando Pessoa ou as Vozes da Inocência"[8].

Por outro lado, no fulcro deste poema é colocada a situação do leitor. A "dor lida" não corresponde às duas dores, a sentida e a fingida, que só o autor pode, por natureza, conhecer. Quanto à dor "que eles não têm", é aquela cuja existência os leitores reconhecem sem precisarem de a sentir como sua. Daí que Manuel Gusmão considere que o poema é, assim, concebido como um "reconfigurador antropológico"[9].

O poema par de "Autopsicografia" é publicado na *presença* 38, "Isto", e vem esclarecer que o sentido de fingir não é "mentir":

6. *Páginas Íntimas*, p. 217.
7. Cf. *A Invenção do Dia Claro*.
8. *O Mistério da Poesia*, p. 161.
9. *Dicionário de Fernando Pessoa*, p. 68.

Dizem que finjo ou minto
Tudo o que escrevo. Não.
Eu simplesmente sinto
Com a imaginação.
Não uso o coração.

Tudo o que sonho ou passo,
O que me falha ou finda,
É como que um terraço
Sobre outra coisa ainda.
Essa coisa é que é linda.

Por isso escrevo em meio
Do que não está ao pé,
Livre do meu enleio,
Sério do que não é.
Sentir? Sinta quem lê!

Além disso, serve para reiterar a importância da interpretação na poesia – de cada ato de leitura.

4. Na subjetividade racional do "fingidor", a poesia pode parecer metamorfosear-se num artesanato de formas poéticas, num gesto de fabricador de estilos e de tons. É este, aliás, o fundo do argumento que contra Pessoa utilizam contemporâneos seus como Teixeira de Pascoaes e, depois, os presencistas (é aquilo a que chamam o "abuso do cálculo"). De todo o modo, também se encontra em Pessoa a expressão de uma sensibilidade à flor da pele, como é o caso deste poema ortônimo (datado de 5.9.1934):

Tudo que amei, se é que o amei, ignoro,
E é como a infância de outro. Já não sei
Se o choro, se suponho só que o choro,
Se o choro por supor que o chorarei.

Das lágrimas sei eu... Essas são quentes
Nos olhos cheios de um olhar perdido...
Mas nisso tudo são-me indiferentes
As causas vagas deste mal sentido.

E choro, choro, na sinceridade
De quem chora sentindo-se chorar,
Mas se choro a mentira ou a verdade,
Continuarei, chorando, a ignorar[10].

De notar, neste poema, que há uma relação direta com uma dor real, mas que se cria, ao mesmo tempo, uma distância sem fim entre o poema e a "verdade" da experiência humana. Para o poeta ortônimo, a sensibilidade e a razão estão sempre presentes e desligadas.

Só no caso de Álvaro de Campos a "sinceridade" de Pessoa se solta na emoção torrencial e múltipla. Nesse caso-limite, só mesmo a sua inexistência como autor real matiza essa sinceridade, que então se revela como a sinceridade de uma personagem. E, no entanto, é próxima, calorosa e reconhecível essa personagem. A revelação do artifício que habita toda a sinceridade é o fulcro da poética de Pessoa.

5. A temática do fingidor é um *topos* moderno, situável na linha que vem de Poe e Baudelaire até o Modernismo. Há um paradoxo de Nietzsche muitas vezes citado, que é um dos "Fragmentos de Ditirambos Dionisíacos"[11]:

O poeta que é capaz de mentir
ciente e voluntariamente,
é o único que pode falar verdade.

E Baudelaire termina o poema que introduz o seu grande livro, aquele que mais citado é na aurora da Modernidade, *Les*

10. *Poesia 1931-1935*, p. 332.
11. *Poemas*, p. 109.

Fleurs du Mal, com o verso: "– Hypocrite lecteur, – mon semblable, – mon frère!" O "leitor hipócrita" é tão fingidor como o poeta.

6. Pessoa reflete em muitos lugares sobre o Romantismo, que na sua educação inglesa tem grande importância, em nomes recorrentes como Blake, Coleridge, Wordsworth, Shelley. Ora, para a concepção romântica, o autor é o centro indisputado do texto que assina, é o herói de uma raça e de um ideal. E o poema que o romântico escreve é a expressão poderosa do seu gênio, da sua alma.

Sá-Carneiro é o modernista português que talvez mais próximo se encontre do Romantismo, mas inverte a relação de expressividade que o romântico estabelece entre o "eu" e a sua obra: ele não pensa a literatura como expressão do seu gênio, antes pretende viver a vida como uma imitação da poesia. Exprime essa mesma vontade numa carta a Pessoa, a 31 de março de 1916, poucos dias antes do suicídio: ser "fiel aos meus versos"[12]. Assim, é possível que para Sá-Carneiro a sinceridade se dissolva no artifício, e que a fantasia e o ritmo sejam as únicas verdades que conhece.

Um outro exemplo desta síntese estranha entre a arte e a vida é dado, precisamente, pelas numerosas cartas de Sá-Carneiro a Pessoa, que constituem, ao mesmo tempo, um arquivo de informações e um verdadeiro romance epistolar sobre a criação poética em tempo de Vanguarda.

7. A poesia romântica assenta na referência biográfica. O sujeito do poema é a projeção fiel do sujeito biográfico, isto é, do Autor. A intenção do Autor é que conta, é ela que deve ser procurada pelo leitor-intérprete. Neste sentido, é muito importante para a estética romântica aquilo que no texto é a sua margem, o

12. *Cartas* II, p. 175.

198 INTRODUÇÃO AO ESTUDO DE FERNANDO PESSOA

seu halo paratextual, aquele conjunto de informações históricas ou circunstanciais que o envolvem. Mas Pessoa é vários autores. Lê-se, por exemplo, num texto célebre de Octavio Paz: "Reis acredita na forma, Campos na sensação, Pessoa nos símbolos. Caeiro não crê em nada: existe"[13]. Assim sendo, como entender aqui uma noção de Autor com tantas variações de crença? De fato, de um modo que é a paródia do Romantismo, as biografias dos diferentes autores são inventadas para acompanharem as suas obras[14]. Os poetas aparecem ao mesmo tempo que os poemas, as suas biografias são notas de rodapé.

8. O tema da sinceridade é o da verdade do Eu. É tão importante para a *presença* que se identifica com ele. Mas não faz sentido para a geração de *Orpheu.*

Um bom exemplo é o modo como Almada esvazia o Eu de verdade psicológica numa passagem de *A Invenção do Dia Claro* (1921): "Quando digo Eu não me refiro apenas a mim mas a todo aquele que couber dentro do jeito em que está empregado o verbo na primeira pessoa"[15]. Quanto a Sá-Carneiro, pode dizer-se que a sinceridade é para ele, literalmente, impossível: não se podem traduzir para palavras as "coisas secretas" que há na alma, "*porque as palavras que as poderiam traduzir seriam ridículas, mesquinhas, incompreensíveis ao mais perspicaz*" (o itálico é de Sá-Carneiro). E, na mesma carta a Pessoa em que o escreve, a 21.1.1913[16], Sá-Carneiro define a componente essencial da sua arte: a *ideia.*

9. "Deus quer, o homem sonha, a obra nasce." Lendo este verso de *Mensagem* como uma fórmula da atividade poética, ele

---

13. *O Desconhecido de Si Mesmo*, p. 20.
14. *Idem*, p. 19.
15. *Manifestos e Conferências*, p. 72.
16. *Cartas* I, p. 53.

A POÉTICA DO FINGIDOR: "AUTOPSICOGRAFIA" 199

afirma que a obra aparece tão espontaneamente como os sonhos. Deste modo, é a formulação mais antagônica possível desse outro verso, "O poeta é um fingidor", que reafirma a necessidade de um específico trabalho poético.

As ideias de determinação racional e de consciência de processos são essenciais para Pessoa. E uma outra, a de que entre a sensibilidade e a poesia não há comunicação direta, e que essa distância implica a arte do fingidor. Mas não se pode reduzir a sua poética a uma simples afirmação do cálculo formal.

A poética de Pessoa tem outras variações. Por exemplo, aquele já referido "caminho alquímico, o mais difícil e o mais perfeito de todos" de que fala a Casais Monteiro na Carta sobre a Gênese dos Heterônimos, está certamente próximo da "alquimia do verbo" de que fala Rimbaud, e que é típica da Vanguarda. Assim, a poética do fingidor ergue-se meias paredes com uma outra que se parece muito com o que se chama inspiração. Pelo menos em Álvaro de Campos, de quem pode ler-se, num poema datado de 18.12.1934:

Às vezes tenho ideias felizes,
Ideias subitamente felizes, em ideias
E nas palavras em que naturalmente se despejam...

Depois de escrever, leio...
Por que escrevi isto?
Onde fui buscar isto?
De onde me veio isto? Isto é melhor do que eu...

Seremos nós neste mundo apenas canetas com tinta
Com que alguém escreve a valer o que nós aqui traçamos?[17]

Na verdade, a inspiração aparece como ativação de uma força inconsciente. "Eu sou a tela / E oculta mão colora alguém em

17. *Poesia de Álvaro de Campos*, p. 530.

200   INTRODUÇÃO AO ESTUDO DE FERNANDO PESSOA

mim"[18], como se lê no soneto XI de "Passos da Cruz", série publicada pelo ortônimo em 1916.

Mas Pessoa também refere – numa carta ao campeão da sinceridade, João Gaspar Simões – que o poema dramático "O Último Sortilégio" fora escrito "em seguida a escrever três quadras muito simples. Tanto estas, como ele, foram produtos diretos e espontâneos"[19].

No editorial da *Athena*, em 1925, Fernando Pessoa coloca a inspiração num inesperado lugar de raiz: "Da sensibilidade, da personalidade distinta que ela determina, nasce a arte per o que se chama a inspiração". Do mesmo modo, Caeiro é apresentado, na Carta sobre a Gênese dos Heterônimos, como fruto de uma inspiração absoluta, aparecendo inteiro – como Atena da cabeça de Zeus – num êxtase que faz Pessoa tornar-se Alberto Caeiro. Depois, na mesma carta, escreve que tratou logo de lhe "descobrir" dois discípulos, de um modo que caracteriza como "instintiva e subconscientemente"[20].

E parece persistir o desejo da expressão absoluta. Há um poema ortônimo de 1933 em que se formula como sonho central o ser capaz um dia de escrever

> Um poema próprio, em que me vá o ser,
> Em que eu diga o que sinto e o que sou,
> Sem pensar, sem fingir e sem querer,
> Como um lugar exato, o onde estou,
> E onde me possam como sou me ver[21].

Este poema é muito curioso, aliás, porque explica nos dois versos seguintes, com definitiva clareza, qual o problema que im-

---

18. *Poesia 1902-1917*, p. 380.
19. *Correspondência 1923-1935*, p. 217.
20. *Teoria da Heteronímia*, p. 278.
21. *Poesia 1931-1935*, p. 136.

possibilita a expressão direta do Eu, o ser capaz de dizer "o que sinto e o que sou". É o simples fato de o Eu não poder nunca coincidir consigo próprio: "Ah, mas quem pode ser quem é? Quem sabe / Ter a alma que tem?" Nós não somos mais que "sombras de nós", continua o mesmo poema. E as sombras não se exprimem, elas são apenas o efeito de uma luz alheia.

Há aqui uma abertura para o saber surrealista do sonho, do acaso e do jogo, e uma preparação para a irrupção do inconsciente na escrita automática. Digamos que a única diferença é, ainda, a presença da razão ativa, da arte do fingidor.

10. De qualquer dos modos, o fingidor *não mente.* É isto o que Ricardo Reis (sem dúvida, para ter uma voz activa nesta discussão estética) reitera, de forma explícita, numa ode contemporânea de "Autosicografia" e "Isto", que tem esta forma integral[22]:

> Estás só. Ninguém o sabe. Cala e finge.
> Mas finge sem fingires.
> Nada 'speres que em ti já não exista,
> Cada um consigo é tudo.
> Tens sol se há sol, ramos se ramos buscas,
> Sorte se a sorte é dada.

A poesia e a arte são criação de objetos de perfeição formal, que resultam de uma contemplação dos "reflexos do mundo". Mas "Estás só", inelutavelmente. Portanto, o fingimento serve para habitar o mundo e comunicar com os outros, sendo que toda a sinceridade é, por definição, incomunicável.

11. Num outro texto, Pessoa estabelece uma relação de identificação entre a mentira como ficção assumida e a verdade (e a

22. *Poesia de Ricardo Reis,* p. 133.

202 INTRODUÇÃO AO ESTUDO DE FERNANDO PESSOA

palavra ficção tem aqui diretamente a ver com o título previsto para a edição dos heterônimos, "Ficções do Interlúdio", cujo sentido passa então a compreender-se melhor):

> Negada a verdade, não temos com que entreter-nos senão a mentira. Com ela nos entretenhamos, dando-a porém como tal, que não como verdade; se uma hipótese metafísica nos ocorre, façamos com ela, não a mentira de um sistema (onde possa ser verdade) mas a verdade de um poema ou de uma novela – verdade em saber que é mentira, e assim não mentir[23].

O fingidor é, finalmente, aquele que constrói uma hipótese de expressão, sabendo que a única verdade é afirmar-se como ficção. Portanto, os heterônimos podem ser sinceros, ao contrário do seu criador perdido entre sombras, já que eles têm a verdade de serem a fingir. Ao ponto de Álvaro de Campos poder escrever (e publicar, na *Sudoeste* 3, em 1935): "O meu mestre Caeiro foi o único poeta inteiramente sincero do mundo"[24].

23. *Pessoa por Conhecer*, p. 114.
24. *Crítica*, p. 521.

XXII
Sebastianismo e Quinto Império: *Mensagem*

1. Na Carta sobre a Gênese dos Heterônimos, Pessoa comenta a publicação de *Mensagem* antes dos livros de poesia:

Concordo absolutamente consigo em que não foi feliz a estreia, que de mim mesmo fiz, com um livro da natureza de *Mensagem*. Sou, de fato, um nacionalista místico, um sebastianista racional. Mas sou, à parte isso, e até em contradição com isso, muitas outras coisas. E essas coisas, pela mesma natureza do livro, a *Mensagem* não as inclui[1].

Assim esse livro de poemas, merecedor de um prêmio do Secretariado de Propaganda Nacional, aparece junto de alguns dos seus contemporâneos como um objeto estranho.

Mais ainda, há um projeto de 1935 em que Pessoa tenta provar a proximidade entre *Mensagem* e a Maçonaria, e entre o nacionalismo e o liberalismo que é o seu aparente contrário, para justificar o fato de ter publicado nesse ano, no *Diário de Lisboa*, um ataque à proposta de uma lei de interdição da Maçonaria. Eis uma passagem desse projeto de um artigo de jornal:

1. *Teoria da Heteronímia*, p. 273.

INTRODUÇÃO AO ESTUDO DE FERNANDO PESSOA

Um leitor atento de *Mensagem*, qualquer que fosse o conceito que formasse da valia do livro, não estranharia o antirromanismo, constante, embora negativamente, emergente nele. Um leitor igualmente atento, mas instruído no entendimento ou ao menos na intuição das coisas herméticas, não estranharia a defesa da maçonaria em o autor de um livro tão abundantemente embebido em simbolismo templário e rosicruciano. [...] De fato, fui sempre fiel, por índole, e reforçado ainda por educação – a minha educação é toda inglesa –, aos princípios essenciais do liberalismo, – que são o respeito pela dignidade do Homem e pela liberdade do Espírito, ou, em outras palavras, o individualismo e a tolerância, ou, ainda, em uma só palavra, o individualismo fraternitário[2].

Aqui reencontramos o modo tipicamente pessoano de resolver as oposições, sintetizando-as num oximoro. Este "individualismo fraternitário" joga na perfeição com o "nacionalismo cosmopolita" (v. xvi.2). E também é notória aqui uma vontade de repúdio público do que poderia ser percebido como colagem do seu livro à ditadura do Estado Novo.

2. O nacionalismo *é* um tema especialmente aprofundado na última parte da obra de Pessoa, em que a componente esotérica e mística se acentua: o anúncio do Quinto Império, tal como aparece no prefácio escrito para o livro de poemas sebastianistas do seu amigo Augusto Ferreira Gomes (*Quinto Império*, de 1934). O que é o Quinto Império? Reativado a partir do Padre Antônio Vieira, o Primeiro é o "império espiritual da Grécia, origem do que espiritualmente somos", o "Segundo é o de Roma, o Terceiro o da Cristandade, e o Quarto o da Europa – isto é, da Europa laica depois da Renascença". Quanto ao Quinto, ele não poderá ser o Inglês, pois não é de um Império material que se trata, mas sim de um Império espiritual. Portanto, "nós o atribuímos a Portugal, para quem o esperamos"[3].

2. *Páginas Íntimas*, p. 433.
3. *Crítica*, p. 493.

O mito do Quinto Império funde-se com o de D. Sebastião no clímax do livro que publica também em 1934, *Mensagem*, e que é muito marcante. Quando morre, Pessoa é celebrado nos jornais como "poeta nacionalista". Mais tarde, através de leituras críticas como a de António Quadros, o tema do Quinto Império é associado a um Sebastianismo que o aproxima do Saudosismo, de tal modo que esse se torna o sentido mais forte de toda a obra pessoana. Tal regresso de Pessoa ao regaço da filosofia portuguesa, bem como a sua reconciliação póstuma com Pascoaes, por mais discutível que seja, serve, pelo menos, para mostrar a relevância deste tema.

Sabe-se que Pessoa tem um projeto que prefigura o de *Mensagem* desde o início dos anos 1910: o poema em seis cantos "Portugal". E que há nele, desde a mesma altura, a noção de que os símbolos heroicos da história de Portugal (na senda de Camões) têm um lugar na mitologia ocidental: assim, Vasco da Gama e D. Sebastião podem juntar-se a Orfeu, Fausto, Atena.

Mensagem corresponde, pois, a um projeto antigo, que o acompanha desde que começa a escrever em português. Não admira que, na Carta sobre a Gênese dos Heterônimos, ele escreva: "Comecei por esse livro as minhas publicações pela simples razão de que foi o primeiro livro que consegui, não sei porquê, ter organizado e pronto"[4].

Acontece, no entanto, que Pessoa forma outro projeto de livro em 1935, *Canções da Derrota*, que reúne poemas elegíacos e pessimistas. Nesse contexto, o poema "À Memória do Presidente-Rei Sidónio Pais", inundado de fé sebastianista e que faria parte desse conjunto, ganha um novo sentido quando posto ao lado de um poema como "Elegia na Sombra", em que se lê:

4. *Teoria da Heteronímia*, p. 273.

206   INTRODUÇÃO AO ESTUDO DE FERNANDO PESSOA

Dorme, mãe Pátria, nula e postergada,
E, se um sonho de esperança te surgir,
Não creias nele, porque tudo é nada,
E nunca vem aquilo que há de vir[5].

Este seria um livro para a esperança e para o desespero, as certezas da fé e as desgraças da razão, abrindo para o avesso obscuro e fatal do nacionalismo místico de *Mensagem*.

3. A componente messiânica já é visível na profecia do supra--Camões em 1912, e até o seu relacionamento com o Futurismo tem a ver com ela: o Messias é uma projeção no futuro.

Numa entrevista à *Revista Portuguesa* em 1923, lê-se uma afirmação do caráter português que liga no mesmo impulso o Paganismo, o Quinto Império e o Sensacionismo. À pergunta "O que calcula que seja o futuro da raça portuguesa?", Pessoa responde:

Quem, que seja português, pode viver a estreiteza de uma só personalidade, de uma só nação, de uma só fé? Que português verdadeiro pode, por exemplo, viver a estreiteza estéril do catolicismo, quando fora dele há que viver todos os protestantismos, todos os credos orientais, todos os paganismos mortos e vivos, fundindo-os portuguesmente no Paganismo Superior? Não queiramos que fora de nós fique um único deus! Absorvamos os deuses todos! Conquistamos já o Mar: resta que conquistemos o Céu, ficando a terra para os Outros, os eternamente Outros, os Outros de nascença, os europeus que não são europeus porque não são portugueses. Ser tudo, de todas as maneiras, porque a verdade não pode estar em faltar ainda alguma coisa![6]

Nesta entrevista, a voz de Fernando Pessoa parece tomar as inflexões de Álvaro de Campos, aliás, que tem um estilo próximo do messianismo exaltado.

5. *Poesia 1931-1935*, p. 392.
6. *Crítica*, p. 197.

Em 1924, num depoimento ao *Diário de Lisboa*, Pessoa diz: "A epopeia que Camões escreveu pede que aguardemos a epopeia que ele não pôde escrever"[7]. Ora, essa epopeia nova aparece enfim em 1934. A publicação de *Mensagem* faz-se por incitamento do amigo de longa data António Ferro, e um dos objetivos dela é poder concorrer ao prêmio de poesia nacionalista instituído pelo Secretariado de Propaganda Nacional – que António Ferro dirige. *Mensagem* acaba por ganhar um prêmio *da* segunda categoria (isto é, de livros com menos do cem páginas), sendo que o prêmio *da* primeira categoria é ganho por Vasco Reis com *Romaria*, tendo sido o montante do prêmio igual em ambos os casos, por direta intervenção de António Ferro.

É, na verdade, habitualmente entendido que se trata de um prêmio *de* segunda categoria, mas há aí uma pequena diferença que não é só gramatical. Aliás, Pessoa publica em 1935 um artigo sobre *Romaria* em que o designa como um "poema adorável"[8], mas, em termos que certamente terão horrorizado o padre franciscano Vasco Reis, dando-o como exemplo de um novo paganismo cristão. É qualquer coisa como a absorção do livro do outro premiado, de resto uma nulidade poética, transformando-o num elemento da própria aura que rodeia *Mensagem*.

4. A sequência "Mar Português", parte central de *Mensagem*, já em 1922 publicada na *Contemporânea*, é em 1933 republicada no jornal de extrema-direita *Revolução*, precedida de uma sugestão de Augusto Ferreira Gomes no sentido de ser aconselhada para leitura e recitação às escolas e liceus portugueses (o que virá a acontecer).

De fato, nesses anos, o nacionalismo está na ordem do dia. É muito forte a ideia de uma regeneração por vir. Daí que, na Carta

7. *Idem*, p. 216.
8. *Idem*, p. 498.

sobre a Gênese dos Heterônimos, Pessoa, a propósito de *Mensagem*, escreva: "O que fiz por acaso e se completou por conversa, fora exatamente talhado, com Esquadria e Compasso, pelo Grande Arquiteto". Assim mostra a sua consciência de participar num momento de "remodelação do subconsciente nacional"[9]. Esta posição, não é demais notar, varia muito. No prefácio ao livro de Augusto Ferreira Gomes, *Quinto Império*, Pessoa afirma, entretanto, que "Bandarra é um nome coletivo, pelo qual se designa, não só o vidente de Trancoso, mas todos quantos viram, por seu exemplo, à mesma Luz"[10]. Esta afirmação torna o Bandarra, literalmente, um heterônimo coletivo. E é de lembrar que, no ano seguinte, Pessoa, em "Elegia na Sombra", vê a decadência de Portugal em tons tão desapiedados que o próprio Sebastianismo é entendido como uma fantasia de lunáticos:

> Dorme, ao menos, de vez. O Desejado
> Talvez não seja mais que um sonho louco
> De quem, por muito te ter, Pátria, amado,
> Acha que todo o amor por ti é pouco[11].

É certo que não publica este poema (nem a recém-instituída censura o permitiria), mas deixa-o escrito.

Outro texto importante de 1934 é o da resposta a um inquérito que, por acaso, sai em livro nesse ano (embora já tivesse sido publicado na imprensa em 1926), sob o título "Portugal, Vasto Império". Pessoa, aí, ainda que afirmando que Portugal é, "por índole, uma nação criadora e imperial", logo acrescenta que, através da impregnação do sonho sebastianista, "a ideia do Império Português atinge o estado religioso", e isso vai permitir o nascer das

---

9. *Teoria da Heteronímia*, p. 274.
10. *Crítica*, p. 493.
11. *Poesia 1931-1935*, p. 391.

"Novas Descobertas, a Criação do Mundo Novo, o Quinto Império". Ou seja, de modo claro, "Para o destino que presumo que será o de Portugal, as colônias não são precisas"[12]. O que marca bem a que distância o nacionalista místico Fernando Pessoa se coloca do nacionalismo de ambição imperialista da ditadura do Estado Novo. O Império Português não está, para ele e para ela, situado no mesmo plano de realidade.

5. A instância do sujeito em *Mensagem* pode ser ocupada por outra espécie de heterônimo coletivo – Portugal. É como se o poeta se tivesse tornado o médium da nação (como se lê no poema "Tormenta")[13]:

> Que jaz no abismo sob o mar que se ergue?
> Nós, Portugal, o poder ser.
> Que inquietação do fundo nos soergue?
> O desejar poder querer.

A multiplicação em "várias pessoas" do poeta Pessoa (e do "bom português"[14]) torna-se aqui a projeção do coletivo numa só voz. A personagem que assume a enunciação, à maneira do *Ultimatum* de Álvaro de Campos, é o poeta múltiplo, de quem cada personalidade é "uma Média entre correntes sociais do momento"[15].

6. O sonho: *Mensagem* consiste num desenvolvimento político importante deste tema. Já com a citação de Shakespeare nos artigos de *A Águia*, em 1912, Pessoa chama a atenção para o que há de messiânico na concepção do sonho: "E a nossa grande

---

12. *Crítica*, p. 331.
13. *Mensagem*, p. 87.
14. *Teoria da Heteronímia*, p. 266.
15. *Idem*, p. 195.

Raça partirá em busca de uma Índia nova, que não existe no espaço, em naus que são construídas 'daquilo de que os sonhos são feitos' "[16]. E *Mensagem* centra o tema no mais essencial dos seus símbolos, que é D. Sebastião, no primeiro poema dos "Avisos", em que Bandarra: "Sonhava, anônimo e disperso, / O Império por Deus mesmo visto", e no terceiro poema da mesma parte: "Quando virás, ó Encoberto, / Sonho das eras português". O próprio mito é um sonho, um nada que é tudo, e o trabalho do poeta – e do sebastianista – consiste numa impregnação total pelo sonho. Assim se pode formular como programa para Portugal uma incarnação coletiva do sonho: citando de novo a resposta ao inquérito de 1934, quando o sonho se derramar "sem esforço em tudo que dissermos ou escrevermos", "então se dará na alma da Nação o fenômeno imprevisível" de que nascerá o Quinto Império[17].

Bellum sine bello: a epígrafe da primeira parte de *Mensagem*, esta "guerra sem guerra" remete para o mecanismo de fixação do título: *mensagem* viria do mote de Virgílio *mens agitat molem* – *o espírito move a matéria*. Ou seja, trata-se de criar uma máquina de guerra mil vezes mais potente que qualquer outra, e que é aquela, "sem guerra", que usa a energia do sonho.

7. No ano de 1935, Pessoa escreve vários poemas sobre Salazar e o Estado Novo que não deixam dúvidas sobre a sua oposição ao processo político desse tempo. Embora inéditos no seu tempo (primeiro publicados em jornais, pela mão de Jorge de Sena, em 1960 no Brasil e em 1974 em Portugal), Salazar é aí dito o "tiraninho"[18]. Nada a ver com a celebração do presidente-rei Sidónio Pais em 1920 ou a aparente militância com que justifica a ditadura militar em 1928.

16. *Crítica*, p. 67.
17. *Idem*, p. 332.
18. *Poesia 1931-1935*, p. 380.

SEBASTIANISMO E QUINTO IMPÉRIO: *MENSAGEM* 211

E o discurso de Salazar, quando da atribuição do prêmio à *Mensagem*, merece a Pessoa repúdio claro e radical numa carta a Casais Monteiro:

Desde o discurso que o Salazar fez em 21 de fevereiro deste ano, na distribuição de prêmios no Secretariado da Propaganda Nacional, ficamos sabendo, todos nós que escrevemos, que estava substituída a regra restritiva da Censura, "não se pode dizer isto ou aquilo", pela regra soviética do Poder, "tem que se dizer aquilo ou isto"[19].

É por esta ordem de razões que se poderá entender a surpreendente leitura que propõe José-Augusto França, segundo a qual a *Mensagem* é "uma obra-prima de desdém e de ironia"[20].

8. No Pessoa nos últimos anos, desenvolve-se um grande interesse pela poesia popular. Escreve três longos poemas sobre os "santos populares" e várias centenas de "quadras populares" ao longo de 1934 e 1935.

Ora, esta poesia é caracterizada por não ter autor, no sentido em que o seu autor é anônimo. Neste caso, estamos perante uma nova versão do desdobramento heteronímico, ou, pelo menos, num novo momento do seu jogo com a função-autor. No caso da *Mensagem*, é a própria personagem coletiva de Portugal que se torna o sujeito, aquele Nós que o destino e a língua identificam, no verso já citado "Nós, Portugal, o poder ser". No caso das quadras populares, Pessoa assume um estilo que mimetiza esse gênero anônimo de tal modo que só algumas vezes se dá ao luxo de tratar os seus temas particulares.

Nos dois casos, é uma inteireza que projeta, uma unidade para que tende, talvez a realização mais próxima do desejo de completude que persegue desde sempre.

19. *Correspondência 1923-1935*, p. 358.
20. "Almada", s/p.

212 INTRODUÇÃO AO ESTUDO DE FERNANDO PESSOA

9. "A minha pátria é a língua portuguesa": a muito repetida frase de Bernardo Soares tem a ver com uma já antiga consciência "linguística", e pode ser encontrada, por exemplo, nas explicações que dá do Sensacionismo para fundamentar a sua lusitanidade (traduzo):

> O ponto fundamental acerca de Shakespeare é que ele não podia ser senão inglês. É por isso que escreveu em inglês e nasceu em Inglaterra. Uma coisa que pode ser dita tanto numa língua como noutra vale mais não ser dita sequer[21].

O nacionalismo de Pessoa tem esta particularidade de não ter a ver com poderio militar ou econômico. Na sua visão, a língua portuguesa há de ser a única pátria que importa, e a pátria, substituída por essa outra realidade que é a língua, muda do plano histórico para o simbólico.

10. Um exemplo da sua concepção poética do nacionalismo (ou concepção nacionalista do poético) é um prefácio de 1929, em que apresenta, na editora que com amigos fundara um ano antes, a Solução Editora, três fascículos de uma *Antologia de Poemas Modernos* que só postumamente, em 1944, virá a ser completada por António Botto. Ora, a definição aí dada de poetas modernos já não é histórica (embora se diga que começam na Escola de Coimbra ou Geração de 70): "Assim, o ser poeta português moderno, no sentido em que entendemos 'moderno', coincide – exceto os nossos primitivos – com o ser poeta português"[22].

11. O título "Gládio" é recorrente em Fernando Pessoa. Em 1915 e 1917 escreve nada menos que três poemas diferentes com

---

21. *Páginas Íntimas*, p. 143.
22. *Crítica*, p. 410.

SEBASTIANISMO E QUINTO IMPÉRIO: *MENSAGEM* 213

esse título[23]. O terceiro deles é um dos que publica mais vezes, pois figura nas provas tipográficas finais do *Orpheu* 3, que acaba por não sair em 1917, é depois publicado na *Athena* 3, em 1924, volta a sê-lo mais tarde no *Cancioneiro* do I Salão dos Independentes em 1930, e, mudando finalmente de título para "D. Fernando, Infante de Portugal", vai integrar a *Mensagem* em 1934. Alteração decisiva, aquele que era um poema lírico em *Orpheu* 3 torna-se em *Mensagem* um poema dramático, como se de uma fala de D. Fernando se tratasse.

Mas esta repetição (e esta diferença) mostram a importância que Pessoa atribui a este poema na sua comunicação com os contemporâneos, bem como ao tema capital do compromisso sagrado que exprime. Eis a sua última versão:

D. FERNANDO, INFANTE DE PORTUGAL

Deu-me Deus o seu gládio, por que eu faça
A sua santa guerra.
Sagrou-me seu em honra e em desgraça,
Às horas em que um frio vento passa
Por sobre a fria terra.

Pôs-me as mãos sobre os ombros e doirou-me
A fronte com o olhar;
E esta febre de Além, que me consome,
E este querer grandeza são seu nome
Dentro em mim a vibrar.

E eu vou, e a luz do gládio erguido dá
Em minha face calma.
Cheio de Deus, não temo o que virá,

23. Os dois primeiros: *Poesia 1902-1917*, pp. 319 e 422.

Pois, venha o que vier, nunca será
Maior do que a minha alma[24].

O gládio é símbolo de devoção a uma causa. Tendo sido dado por Deus, é também um traço de união transcendental, uma promessa de força invencível, de iluminação. Símbolo adequado, sem dúvida, ao sacrifício patriótico do Infante D. Fernando, que tem o mesmo nome que o poeta, e é como ele nacionalista místico.

De fato, a sua primeira publicação no *Orpheu* 3 (ainda que falhada) oferece um contexto em que "Gládio", o primeiro poema da série, dialoga com o último, "Braço sem Corpo Brandindo um Gládio", que é um poema sobre o desconexo, o contraditório, o vago, resultando desse diálogo a afirmação em "Gládio" de um sentido nítido, em que as duas palavras "gênio" e "justiça" são marcantes.

E se, na sua migração para *Mensagem*, o poema muda de título, e aquelas duas palavras marcantes são trocadas por "honra" e "grandeza", mantém-se a sua função, que é a de um *selo de unidade*, adequado à construção de uma ideia de soberania essencial para a obra de Pessoa.

12. Uma leitura fundadora, *Um Fernando Pessoa*, de Agostinho da Silva, em 1959, começa e acaba com dois capítulos em que faz a análise de *Mensagem*, livro centrado no anúncio do Quinto Império, "emparelhando com Fernão Lopes, *Os Lusíadas*, D. João de Castro e a *História do Futuro* na compreensão do que verdadeiramente é Portugal"[25]. Pessoa aparece, deste modo, incluído no mais alto círculo do nacionalismo.

É claro que uma leitura como esta, embora de grande limpidez e coerência, descuida obrigatoriamente das frases da Carta

24. *Mensagem*, p. 30.
25. *Um Fernando Pessoa*, p. 16.

SEBASTIANISMO E QUINTO IMPÉRIO: *MENSAGEM*   215

sobre a Gênese dos Heterônimos em que Pessoa diz de si mesmo: "Sou, de fato, um nacionalista místico, um sebastianista racional. Mas sou, à parte isso, e até em contradição com isso, muitas outras coisas"[26]. Mas não deixa de ser significativo que se possa encontrar em *Mensagem*, e no complexo de textos em torno do Quinto Império, uma manifestação tão clara de uma identidade forte do sujeito – aquela mesma que falta na obra de Pessoa, talvez com a única exceção do mestre Caeiro. E a própria figura de D. Sebastião parece coincidir, ou tender para coincidir, com esse, mais que tudo desejado, regresso de uma identidade perdida: "É dentro de nós, em nós e por nosso esforço, que tem de vir, e virá, D. Sebastião"[27]. Essa vinda será, pois, a de um modo vivo e inteiro de ser.

---

26. *Teoria da Heteronímia*, p. 273.
27. *Sebastianismo e Quinto Império*, p. 74.

XXIII
A História da Heteronímia

1. Há dois modos de edição decisivos: o da carta a Côrtes-Rodrigues em 19.1.1915: "Mantenho, é claro, o meu propósito de lançar pseudonimamente a obra Caeiro-Reis-Campos"[1]. E o da carta a Gaspar Simões em 28.7.1932: "os heterônimos (segundo a última intenção que formei a respeito deles) devem ser por mim publicados sob o meu próprio nome"[2]. Na história das suas intenções editoriais, Pessoa começa por praticar um modo especial do disfarce literário, e acaba por reconduzir os autores fictícios ao seu lugar de personagens.

Por outro lado, há três momentos principais na história do conceito de heterônimo. O primeiro é o da proto-heteronímia, que tem em Alexander Search o seu nome maior. O segundo é o dos anos 1910 e 1920, que correspondem ao momento da criação poética efetiva dos heterônimos, sendo que o nome que é usado por Pessoa começa por ser o de "pseudônimo". O terceiro é, nos anos 1930, o de uma progressiva desvalorização do lado dramático da escrita heteronímica.

1. *Correspondência 1905-1922*, p. 142.
2. *Teoria da Heteronímia*, p. 256.

2. A raiz da heteronímia tem um registro de brincadeira (aliás, o humorismo e a caricatura estão ligados à gênese do Modernismo e da Vanguarda). Por exemplo, Pessoa refere na Carta sobre a Gênese dos Heterônimos que a sua vontade, em 1912, de "inventar um poeta bucólico" era para "fazer uma partida" ao Sá-Carneiro. Do mesmo modo, atribui uma "intenção de blague"[3] à publicação por Sá-Carneiro do poema "futurista" "Manucure" em *Orpheu* 2.

No "Ultimatum" de Álvaro de Campos, no *Portugal Futurista* de 1917, que pode ser considerado a primeira apresentação pública da ideia de poeta múltiplo, o tom que usa é o da insolência típica dos manifestos:

> Abolição total do conceito de que cada indivíduo tem o direito ou o dever de exprimir o que sente. Só tem o direito ou o dever de exprimir o que sente, em arte, o indivíduo que sente por vários[4].

Ou ainda, e para não restarem dúvidas:

> Abolição do dogma da individualidade artística. O maior artista será o que menos se definir, e o que escrever em mais gêneros com mais contradições e dissemelhanças. Nenhum artista deverá ter só uma personalidade. Deverá ter várias, organizando cada uma por reunião concretizada de estados de alma semelhantes, dissipando assim a ficção grosseira de que é uno e indivisível[5].

O humor, aqui, tem o toque do burlesco, do mesmo modo que a intensidade da ideia proferida é posta em causa, mas também sublinhada, pelo seu próprio excesso. Estamos no reino da Vanguarda.

3. *Crítica*, p. 374.
4. *Teoria da Heteronímia*, p. 192.
5. *Idem*, p. 193.

A HISTÓRIA DA HETERONÍMIA 219

3. Em 1915, aparece Álvaro de Campos no *Orpheu*. Em 1924-1925, a revista *Athena*, que Pessoa dirige, constitui um palco para a estreia dos heterônimos ainda inéditos, Ricardo Reis e Alberto Caeiro. Pouco depois, em 1928, na "Tábua Bibliográfica" publicada na *presença*, Pessoa apresenta pela primeira vez a sua produção poética como um todo coerente, apoiado em dois conceitos novos, "heterônimo" e "ortônimo" (e não cita Bernardo Soares – apesar da sua metamorfose em guarda-livros já se ter verificado):

> As obras heterônimas de Fernando Pessoa são feitas por, até agora, três nomes de gente – Alberto Caeiro, Ricardo Reis, Álvaro de Campos. Estas individualidades devem ser consideradas como distintas da do autor delas. Forma cada uma uma espécie de drama; e todas elas juntas formam outro drama. Alberto Caeiro, que se tem por nascido em 1889 e morto em 1915, escreveu poemas com uma, e determinada, orientação. Teve por discípulos – oriundos, como tais, de diversos aspectos dessa orientação – aos outros dois: Ricardo Reis, que se considera nascido em 1887, e que isolou naquela obra, estilizando, o lado intelectual e pagão; Álvaro de Campos, nascido em 1890, que nela isolou o lado por assim dizer emotivo, a que chamou "sensacionista", e que – ligando-o a influências diversas, em que predomina, ainda que abaixo da de Caeiro, a de Walt Whitman – produziu diversas composições, em geral de índole escandalosa e irritante, sobretudo para Fernando Pessoa, que, em todo o caso, não tem remédio senão fazê-las e publicá-las, por mais que delas discorde. As obras destes três poetas formam, como se disse, um conjunto dramático; e está devidamente estudada a entreação intelectual das personalidades, assim como as suas próprias relações pessoais[6].

E segue-se a fórmula, depois tão repetida: "é um drama em gente, em vez de em atos"[7]. Assim, Pessoa propõe uma leitura verossímil e até aceitável para a supressão que faz das prerroga-

6. *Teoria da Heteronímia*, pp. 227-228.
7. *Idem*, p. 228.

tivas do Autor. A sua poesia parece precisar desse elemento de ficção, ou de drama, é uma poesia que é mais do que poesia, é uma síntese de todos os gêneros. Ortônimo e heterônimos são perfeitamente distintos e caracterizados.

4. A seguir, ainda na *presença*, em 1932, é a vez das "Notas para a Recordação do meu Mestre Caeiro", em que Álvaro de Campos conta várias histórias elucidativas da ficção interna dos heterônimos, e em que Bernardo Soares prima, mais uma vez, pela ausência. Aqui, já há uma novidade importante: Fernando Pessoa participa dos encontros com Alberto Caeiro e torna-se parte do grupo dos heterônimos. O seu lugar deixa de ser distinto e à parte, e a clareza do sistema montado pela "Tábua Bibliográfica" fica perturbada.

5. Finalmente, em 1935, em duas cartas a Casais Monteiro, uma a 13 e outra a 20 de janeiro, são configuradas na sua forma narrativa as figuras dos heterônimos e são desenhados os seus retratos.

Tem sido muito comentado o fato de a primeira delas, conhecida por Carta sobre a Gênese dos Heterônimos, parecer querer contar uma verdade factual, centrada num dia, 8 de março de 1914 (e será curioso notar que esta data marcada por Pessoa quase acerta com a publicação, um ano depois, do *Orpheu* 1). Trata-se, no entanto, de uma construção óbvia, pois a "Ode Triunfal", que a carta diz ter sido escrita nesse dia 8 de março, apresenta em *Orpheu* 1 uma data diferente: "Londres, 1914 – junho".

A Carta sobre a Gênese dos Heterônimos é, assim, uma ficção ao mesmo título que as "Notas para a Recordação do meu Mestre Caeiro", e é, assumidamente, uma carta para ser publicada e não uma carta pessoal. Mas também não se pode definir propriamente como uma mistificação. De fato, o espólio de Pessoa revela que os primeiros poemas de Caeiro são escritos em março e os de Reis e de Campos em junho de 1914. Na carta não se reproduz a experiência empírica, portanto, mas uma estrutura, não um conjunto de casos mas a relação entre eles, e a lógica dessa relação. Lembre-se, a propósito, a carta a Gaspar Simões de 4.7.1930 em que Pessoa envia para a *presença* o poema de Álvaro de Campos, "Aniversário": "A data está fictícia; escrevi esses versos no dia dos meus anos (de mim), quer dizer a 13 de junho, mas o Álvaro nasceu a 15 de outubro, e assim se erra a data para certa". Deste modo, aristotelicamente, se marca a importância do fictício na construção do verdadeiro.

6. A Carta sobre a Gênese dos Heterônimos expõe o mito dos heterônimos de um modo que lembra o argumento central de "O Marinheiro" (cf. VIII. 5):

Desde criança tive a tendência para criar em meu torno um mundo fictício, de me cercar de amigos e conhecidos que nunca existiram. (Não sei, bem entendido, se realmente não existiram, ou se sou eu que não existo. Nestas coisas, como em todas, não devemos ser dogmáticos.) [...]
Aí por 1912, salvo erro (que nunca pode ser grande), veio-me à ideia escrever um poema de índole pagã. Esbocei umas coisas em verso irregular (não no estilo de Álvaro de Campos, mas num estilo de meia regularidade), e abandonei o caso. Esboçara-se-me, contudo, numa penumbra mal urdida, um vago retrato da pessoa que estava a fazer aquilo. (Tinha nascido, sem que eu soubesse, o Ricardo Reis.)
Ano e meio, ou dois anos, depois lembrei-me um dia de fazer uma partida ao Sá-Carneiro – de inventar um poeta bucólico, de espécie complicada, e apresentar-lho, já não me lembro como, em qualquer espécie de realidade. Levei uns dias a elaborar o poeta mas nada consegui. Num dia em que finalmente desistira – foi em 8 de março de 1914 – acerquei-me de uma cômoda alta, e, tomando um papel, comecei a escrever, de pé, como escrevo sempre que posso. E escrevi trinta e tantos

poemas a fio, numa espécie de êxtase cuja natureza não conseguirei definir. Foi o dia triunfal da minha vida, e nunca poderei ter outro assim. Abri com um título, *O Guardador de Rebanhos*. E o que se seguiu foi o aparecimento de alguém em mim, a quem dei desde logo o nome de Alberto Caeiro. Desculpe-me o absurdo da frase: aparecera em mim o meu mestre. Foi esta a sensação imediata que tive. E tanto assim que, escritos que foram esses trinta e tantos poemas, imediatamente peguei noutro papel e escrevi a fio também, os seis poemas que constituem a "Chuva Oblíqua", de Fernando Pessoa. Imediatamente e totalmente... Foi o regresso de Fernando Pessoa Alberto Caeiro a Fernando Pessoa ele só. Ou melhor, foi a reação de Fernando Pessoa contra a sua inexistência como Alberto Caeiro.

Aparecido Alberto Caeiro, tratei logo de lhe descobrir – instintiva e subconscientemente – uns discípulos. Arranquei do seu falso paganismo o Ricardo Reis latente, descobri-lhe o nome, e ajustei-o a si mesmo, porque nessa altura já o via. E, de repente, e em derivação oposta à de Ricardo Reis, surgiu-me impetuosamente um novo indivíduo. Num jato, e à máquina de escrever, sem interrupção nem emenda, surgiu a "Ode Triunfal" de Álvaro de Campos – a Ode com esse nome e o homem com o nome que tem[8].

Aqui, a ode não se chama "Triunfal" só por ser uma exaltação do mundo moderno, mas por trazer ao mundo uma personagem de tipo novo. O modo de aparição dos três heterônimos, aliás, é apresentada como tendo a ver com a inspiração e o entusiasmo criador. O que é compensado pelo geometrismo de todo o processo: um vértice, Alberto Caeiro, do qual decorrem três linhas, três discípulos: Fernando Pessoa, desde logo, e dois opostos, Ricardo Reis e Álvaro de Campos, aparecendo o segundo em divergência do primeiro.

Depois, mais que a descrição de uma gênese, a carta apresenta um mapa das gravitações que constituem o sistema heteronímico. Quando surgem os heterônimos, começam por ser coloca-

---

8. *Teoria da Heteronímia*, pp. 273-282.

dos em relação direta com o seu criador: "pus no Caeiro todo o meu poder de despersonalização dramática, pus em Ricardo Reis toda a minha disciplina mental, vestida da música que lhe é própria, pus em Álvaro de Campos toda a emoção que não dou nem a mim nem à vida". Assim, a oposição entre Reis e Campos fica desde logo dada: é a mesma que existe entre o pensar e o sentir, a construção e a intensidade.

Na parte final da carta, Pessoa volta a esclarecer a sua relação com eles:

Como escrevo em nome desses três?... Caeiro por pura e inesperada inspiração, sem saber ou sequer calcular que iria escrever. Ricardo Reis, depois de uma deliberação abstrata, que subitamente se concretiza numa ode. Campos, quando sinto um súbito impulso para escrever e não sei o quê.

Note-se que a relação entre eles já é diferente deste ponto de vista. Caeiro e Campos surgem próximos, pois são ambos fruto de inspiração e impulso, enquanto, por oposição, Reis é construído. E logo personaliza o seu modo de escrever:

Caeiro escrevia mal o português, Campos razoavelmente mas com lapsos como dizer "eu próprio" em vez de "eu mesmo" etc., Reis melhor do que eu, mas com um purismo que considero exagerado. O difícil para mim é escrever a prosa de Reis – ainda inédita – ou de Campos. A simulação é mais fácil, até porque é mais espontânea, em verso.

Entretanto, é dada, de passagem, uma explicação "científica" para o aparecimento dos heterônimos:

A origem dos meus heterônimos é o fundo traço de histeria que existe em mim. Não sei se sou simplesmente histérico, se sou, mais propriamente, um histeroneurastênico. Tendo para esta segunda hipótese, porque há em mim fenômenos de abulia que a histeria, propriamente dita, não enquadra no registro dos seus sintomas. Seja como for, a origem mental dos meus heterônimos está na minha tendência orgânica e constante para a despersonalização e para a simulação. Estes fenômenos – felizmente para mim e para os outros – mentalizaram-se em mim: quero dizer, não se manifestam na minha vida prática, exterior e de contato com outros; fazem explosão para dentro e vivo-os eu a sós comigo.

É curioso que os termos "despersonalização" e "simulação" sejam retirados do vocabulário cientista, porque, se usados na sua acepção literária, nem a escrita heteronímica seria uma "despersonalização" nem os heterônimos "simulações". A mimese não mente, a ficção não engana. Neste caso, Pessoa apenas constrói uma expedita explicação "científica" por ela ser aceitável pelos seus interlocutores, para quem a psicologia e a psicanálise constituem horizontes da compreensão.

7. Apesar de tudo, há uma perfeita coerência desde o poema publicado por Pessoa e assinado Karl P. Effield, em 1903, até a última ode de Ricardo Reis, escrita nos últimos dias de Pessoa: "Vivem em nós inúmeros". E há no espólio de Pessoa múltiplos esboços e projetos de mais de uma centena de autores fictícios[9]. Mas, fundamentalmente, há o aparecimento do Mestre e seus discípulos em 1914, concluindo-se o sistema em 1928 com a definição dos conceitos de heterônimo e ortônimo. Nesse momento, ao triângulo central de figuras harmônicas – Alberto Caeiro, Ricardo Reis e Álvaro de Campos, distribuídos em tríades simbólicas como manhã, meio-dia, entardecer, ou Centro, Norte, Sul, ou presente, passado, futuro, ou Romantismo, Classicismo, Modernismo – junta-se o Fernando Pessoa "impuro e simples". Os quatro possuem ainda, evidentemente, uma distribuição astrológica calculada[10].

---

9. Cf. *Teoria da Heteronímia e Eu Sou uma Antologia.*

10. Fernando Pessoa (Gêmeos) e Álvaro de Campos (Balança) estão associados pelo mesmo elemento, o ar, sendo que os heterônimos se distribuem

8. Assim, a história da heteronímia começa por uma fase preparatória que culmina em 1914, quando o processo do "desdobramento" é desenvolvido (e Pessoa chega a pôr a hipótese de dar a conhecer Alberto Caeiro como um poeta que habita em Vigo[11]). Passa-se em 1915 para uma fase de afirmação, em que Álvaro de Campos assume uma dimensão pública de artista de Vanguarda em *Orpheu*. Quando, em 1928, a "Tábua Bibliográfica" define o ortônimo e os heterônimos na sua relação, fecha-se a segunda fase da heteronímia, definida como um "drama em gente"[12]. Finalmente, por volta de 1930, depois de Bernardo Soares se ter fixado como personagem do *Livro do Desassossego*, entra-se numa terceira fase em que os heterônimos se tornam menos presentes: Alberto Caeiro deixa de escrever, Ricardo Reis escreve cada vez menos.

9. As modulações do grau de autonomia dos heterônimos coloca-se para o próprio Pessoa, conforme expõe num fragmento para o prefácio das *Ficções do Interlúdio*, cerca de 1930, em que o semi-heterônimo coloca um problema de atribuição:

> Há acidentes do meu distinguir uns de outros que pesam como grandes fardos no meu discernimento espiritual. Distinguir tal composição musicante de Bernardo Soares de uma composição de igual teor que é minha...
> Há momentos em que o faço repentinamente, com uma perfeição de que pasmo; e pasmo sem imodéstia, porque, não crendo em nenhum

por três elementos diferentes (Ricardo Reis é Virgem, a terra, e Alberto Caeiro é Carneiro, o fogo). Já, quanto aos quatro signos ascendentes, cada um se associa a um dos quatro elementos: a água (Escorpião) para Fernando Pessoa, o ar (Aquário) para Ricardo Reis, o fogo (Leão) para Alberto Caeiro, a terra (Capricórnio) para Álvaro de Campos.

11. *Pessoa por Conhecer,* pp. 392-402.

12. *Teoria da Heteronímia,* p. 228.

226   INTRODUÇÃO AO ESTUDO DE FERNANDO PESSOA

fragmento de liberdade humana, pasmo do que se passa em mim como pasmaria do que se passasse em outrem – em dois estranhos[13].

Nos anos 1930, portanto, passa a existir um espaço heteronímico mais impreciso. O que antes era uma construção poética clara e sistemática transforma-se numa mistura de ficção e autoficção, em que um autor mal se distingue das suas personagens.

10. Para dar um sentido ao terceiro momento da heteronímia, Pessoa começa por se explicar em termos que prolongam a teoria dramática numa teoria poética. Escreve, por exemplo, a Gaspar Simões em 1931: "Voo outro – eis tudo"[14]. Entendendo-a assim, a ficção heteronímica torna-se uma específica técnica de composição.

Finalmente, quando em 1935 explica a Casais Monteiro que é essencialmente dramaturgo, acrescenta-lhe logo uma razão científica, especificando-a em clave psicanalítica: "Vou mudando de personalidade"[15]. É o recurso a uma hipótese cientificamente plausível, embora extrema, também presente no repetido argumento da "histeroneurastenia"[16].

11. Vem desempenhar uma importante função a explicação da heteronímia a partir de Freud e da psicanálise. É que a psicanálise é contemporânea de Pessoa: Freud publica os seus livros entre 1900 (*A Interpretação dos Sonhos*) e 1939, data da sua morte. Por outro lado, as noções de clivagem, de desdobramento e dissociação da personalidade são constantes no discurso psicopatológico desde o fim de século. A heteronímia como ideia inclui-se no vocabulário e preceituário da ciência do tempo.

13. *Escritos Autobiográficos*, p. 364.
14. *Teoria da Heteronímia*, p. 253.
15. *Idem,* p. 283.
16. *Teoria da Heteronímia*, pp. 253, 271, 275.

A HISTÓRIA DA HETERONÍMIA 227

No próprio opúsculo de 1928, *O Interregno*, em que se defende para Portugal a ditadura militar, um dos fulcros da argumentação é também a teorização psicanalítica:

> Os fenômenos do instinto e da intuição têm preocupado, mais que quaisquer outros, a ciência psicológica; assentou ela já na certeza de que o campo do que chamou subconsciente é vastamente maior que o da razão, e que o homem, verdadeiramente definido, é um animal irracional[17].

Na importante carta de 11 de dezembro de 1931 a Gaspar Simões, que a *presença* publica em número especial por ocasião da morte de Pessoa, a argumentação em torno da psicanálise mostra um conhecimento que não é, de todo, superficial. Trata-se de uma discussão a que Gaspar Simões é sensível, ele que, no seio da *presença*, mais pugnou por divulgar esse novo saber:

> [O Freudismo é] utilíssimo porque chamou a atenção dos psicólogos para três elementos importantíssimos na vida da alma, e portanto na interpretação dela: *1.* o subconsciente e a nossa consequente qualidade de animais irracionais; *2.* a sexualidade, cuja importância havia sido, por diversos motivos, diminuída ou desconhecida anteriormente; *3.* o que poderei chamar, em linguagem minha, a translação, ou seja a conversão de certos elementos psíquicos (não só sexuais) em outros, por estorvo ou desvio dos originais, e a possibilidade de se determinar a existência de certas qualidades ou defeitos por meio de efeitos aparentemente irrelacionados com elas ou eles[18].

A compreensão da psicanálise é, de resto, simultânea nessa carta da sua desvalorização enquanto adjuvante da crítica literária, nisso discordando de Gaspar Simões – e de um modo que tem óbvias consequências no entendimento da oposição fingimento / sinceridade.

17. *Crítica*, p. 392.
18. *Correspondência 1923-1935*, p. 251.

12. Pessoa formula, em plena segunda fase da história da heteronímia, no início dos anos 1920, ao tempo de "Aspectos" (título de um projeto de edição em vários volumes da sua obra poética), a ideia de que a heteronímia é um caso especial de poesia dramática, aquele em que se deve contar com o "relevo real do autor suposto"[19]. Na "Tábua Bibliográfica" de 1928, essa ideia da heteronímia como poesia dramática mantém-se: "É um drama em gente, em vez de em atos"[20].

Por outro lado, na carta a Casais Monteiro, em 1935, há um comentário sobre o momento em que Fernando Pessoa quer escrever a "Chuva Oblíqua" a seguir ao *Guardador de Rebanhos* – para reagir "contra a sua inexistência como Alberto Caeiro"[21] – que parece relacionar-se com a afirmação de Gaspar Simões no prefácio ao primeiro livro da edição Ática de Pessoa, em 1942, segundo a qual "os heterônimos são qualquer coisa de estrutural na personalidade de Fernando Pessoa"[22]. Regressa o preceito dramático do "relevo real do autor suposto" – mas transformado num traço psíquico.

Ora, a primeira ideia é de base literária, e tem a ver com a tradição romântica da poesia dramática. Já a segunda é de base psiquiátrica, e parece apontar para uma hipótese de personalidade múltipla.

Uma mutação importante reside no fato de, na "Tábua Bibliográfica", os três heterônimos principais constituírem, com o seu "relevo real", o "drama em gente", ficando para o ortônimo a autoria "normal" da restante obra. Na Carta sobre a Gênese dos Heterônimos já o ortônimo é tão discípulo de Alberto Caeiro como os outros, alterando assim as relações entre eles: o ortôni-

---

19. *Idem*, p. 212.
20. *Teoria da Heteronímia*, p. 228.
21. *Idem*, p. 278.
22. *Poesias de Fernando Pessoa*, 11ª ed., Lisboa, Ática, 1980, p. 11.

mo torna-se parceiro dos heterônimos, e parecido com eles, ao passo que os heterônimos perdem distinção e autonomia.

O fato é que Pessoa altera a sua perspectiva no final dos anos 1920, como as "Notas para a Recordação do meu Mestre Caeiro" manifestam de modo ficcional. E logo, nesse mesmo ano de 1932, em carta de 28 de julho, anuncia a Gaspar Simões que nas suas edições futuras os autores heterônimos deixarão de ter o tal "relevo real do autor suposto", passando o lugar do autor a ser ocupado por Pessoa[23]. Em 1935, como a Carta sobre a Gênese dos Heterônimos, publicada na *presença* em 1937, esclarece e especifica, "escrevo em nome desses três"[24], e poderia acrescentar "em nome desses quatro", ou em nome de quantos achasse por bem incluir no seu cômputo de "autores". É o autor quem escreve, é ele o autor real, sem ambiguidade.

Em suma, todo o esquema das diferenças entre as personagens de autor começa a esbater-se. Em 1934 e 1935 começam a desaparecer as próprias diferenças estilísticas entre o ortônimo e os heterônimos, sobretudo entre Pessoa e Álvaro de Campos. É deste momento que o semi-heterônimo é emblema. Quando Ricardo Reis pouco escreve, e Alberto Caeiro nada escreve depois de 1930.

Nesta fase final, toda a questão da heteronímia se resolve numa organização editorial, e a sua verdadeira natureza revela-se bibliográfica, finalmente, depois de genológica e de psiquiátrica.

No projeto de frontispício de um livro de Alberto Caeiro anterior a 1930, na segunda fase da história da heteronímia, lê-se: "Os Poemas Completos de / Alberto Caeiro / (1889-1915) // Editados e prefaciados por / Ricardo Reis // Tiragem limitada a 100 / exemplares, fora do / Mercado"[25]. A situação dos heterônimos

---

23. *Correspondência 1923-1935*, pp. 270-271.
24. *Teoria da Heteronímia*, p. 280.
25. *Apud* Pedro Sepúlveda, *Os Livros de Fernando Pessoa*, p. 328.

230 INTRODUÇÃO AO ESTUDO DE FERNANDO PESSOA

como autores está aí sublinhada, e corresponde àquela que é a prática de Pessoa desde *Orpheu.* Ora, nas publicações soltas de trechos do *Livro do Desassossego,* a partir de 1929, lê-se sempre: "Do '*Livro do Desassossego,* / composto por Bernardo / Soares, ajudante de guarda- / livros na cidade de Lisboa' // por // Fernando Pessoa"[26]. Aqui, a atribuição é inequívoca e não fictícia.

Estes são exemplos cuja diferença expõe a alteração no entendimento dos heterônimos por Pessoa, fixando uma nova proposta de leitura, coerente com a carta a Gaspar Simões de 28.7.1932:

> Não sei se alguma vez lhe disse que os heterônimos (segundo a última intenção que formei a respeito deles) devem ser por mim publicados sob o meu próprio nome (já é tarde, e portanto absurdo, para o disfarce absoluto). Formarão uma série intitulada *Ficções do Interlúdio,* ou outra coisa qualquer que de melhor me ocorra. Assim, o título do primeiro volume seria, pouco mais ou menos: *Fernando Pessoa – Ficções do Interlúdio – I. Poemas Completos de Alberto Caeiro (1889-1915).* E os seguintes do mesmo modo, incluindo um, curioso mas muito difícil de escrever, que contém o debate estético entre mim, o Ricardo Reis e o Álvaro de Campos, e talvez, ainda, outros heterônimos, pois ainda há um ou outro (incluindo um astrólogo) para aparecer[27].

Assim, o que estava espalhado pelo "relevo real" de autores supostos passa a ser atribuído ao autor real, cujo nome figura no seu lugar próprio. Mas os heterônimos não se tornam, apesar disso, meras personagens. Ainda se mantém a complexidade suplementar do ortônimo poder aparecer misturado com os heterônimos naquele virtuosístico "debate estético" previsto. Mas essa é a estranheza inerradicável do caso Pessoa, a da dupla acepção do nome do autor e do nome do ortônimo.

---

26. E3 5-81.
27. *Teoria da Heteronímia,* p. 256.

XXIV
O Sistema dos Heterônimos

1. Há um imparável mecanismo de produção de sentido que é específico do modo pessoano de escrever. Tal mecanismo é tematizado de modo explícito na Carta sobre a Gênese dos Heterônimos:

> Ocorria-me um dito de espírito, absolutamente alheio, por um motivo ou outro, a quem eu sou, ou a quem suponho que sou. Dizia-o, imediatamente, espontaneamente, como sendo de certo amigo meu, cujo nome inventava, cuja história acrescentava, e cuja figura – cara, estatura, traje e gesto – imediatamente eu via diante de mim[1].

A tal efeito de criação espontânea de um sujeito, produzido pelo simples ato de enunciação, poderemos chamar um efeito-heterônimo.

2. Pessoa é "um poeta impulsionado pela filosofia, não um filósofo dotado de faculdades poéticas"[2]. Mas o seu filosofar não deixa de ser essencial na sua literatura, e Pessoa pode mesmo ser

---

1. *Idem*, p. 277.
2. *Páginas Íntimas*, p. 14.

caracterizado como um pensador que põe em cena as suas ideias como se de um teatro dialético se tratasse, acolhendo as duas tradições da cultura ocidental, a judaica e a grega, sem tentar qualquer síntese entre elas: o ortônimo seria o melhor exemplo da sua face judaica, cabalística e messiânica, e Alberto Caeiro a marca de uma ascendência grega, que o próprio privilégio dado à visão ajuda a caracterizar como tal.

Assim, a noção da heteronímia como drama filosófico é ajudada pelo efeito de enunciação a que se dá o nome de "heterônimo": as diferentes perspectivas correspondem a diferentes modos de argumentar, a diferentes discursos, mas também a diferentes personagens, ou *personas*. E é filosófica a acepção dos termos "mestre" e "discípulos": aqui, tal como nas escolas de filosofia, os discípulos não reproduzem o saber do mestre, antes aprendem a produzir o seu próprio saber.

3. T. S. Eliot pronuncia em 1953 uma conferência em que fala das três vozes da poesia – que, segundo ele, mais ou menos recobrem os três gêneros: o poeta que fala para si mesmo, ou o lírico; o poeta que fala para os outros, ou o épico; o poeta que cria personagens que falam entre si, ou o dramático. Ora, neste último caso, segundo T. S. Eliot, "o criador está presente em toda a parte, e em toda a parte oculto"[3].

Uma questão interpretativa importante é a de saber se o lírico Fernando Pessoa ortônimo goza de algum privilégio – ele que usa o nome aberto e assumido do autor, e tem a mesma biografia do autor, que é quem escreve com outros nomes. Ora, a Carta sobre a Gênese dos Heterônimos não mantém claro o que parecia relativamente estável e transparente na "Tábua Bibliográfica" de 1928. Muito pelo contrário.

3. *Ensaios de Doutrina Crítica*, p. 144.

O SISTEMA DOS HETERÔNIMOS

Na Carta sobre a Gênese dos Heterônimos há certas expressões que fixam uma incômoda e paradoxal intimidade entre o criador e as suas criaturas. Numa, autodefine-se como a "mãe que os deu à luz". Noutra, descreve a criação como não-voluntária: "Parece que tudo se passou independentemente de mim"[4]. E, sobretudo, Fernando Pessoa apresenta-se também como discípulo do Mestre Caeiro. Assim, Pessoa não é Fernando Pessoa. O autor não é o poeta ortônimo, que se torna em 1935 uma personagem colocada no mesmo plano que os heterônimos, com quem estabelece um diálogo. É, pois, na distinção entre o autor, o arquiteto na soberania do seu gesto, e o ortônimo, tão fictício como as figuras inventadas, que repousa todo o entendimento da arte dos heterônimos. Isto embora a biografia do ortônimo seja igual à do autor... Na verdade, em Pessoa, todo o autor é uma personagem.

Curioso notar que tal distinção é difícil de conceber pelo próprio Pessoa. Assim, Pessoa só pode entrar em comunicação consigo próprio por artes mediúnicas (daí a *autopsicografia*, sendo *psicografia* o nome da comunicação escrita com um espírito através de um médium), como escreve num apontamento dos anos 1930: "Médium, assim, de mim mesmo, todavia subsisto. Sou, porém, menos real que os outros, menos uno, menos pessoal, eminentemente influenciável por eles todos"[5]. Oculto atrás de si próprio, é apenas o autor, ou o escritor, no mais literal dos sentidos, ou, para usar o seu disfemismo, o *executor*: "Hoje já não tenho personalidade: quanto em mim haja de humano, eu o dividi entre os autores vários de cuja obra tenho sido o executor"[6].

4. Na verdade, já ao tempo de *Orpheu* um Pessoa sujeito se distingue de um Fernando Pessoa que a si mesmo se toma como objeto:

4. *Teoria da Heteronímia*, pp. 277 e 278.
5. *Idem*, p. 231.
6. *Idem, ibidem.*

234 INTRODUÇÃO AO ESTUDO DE FERNANDO PESSOA

Fernando Pessoa e Sá-Carneiro estão mais próximos dos simbolistas. Álvaro de Campos e Almada são mais afins da moderna maneira de sentir e de escrever. Os outros são intermédios[7].

Nos anos 1930, mantém-se o mesmo tom: "Nunca me sinto tão portuguesmente eu como quando me sinto diferente de mim – Alberto Caeiro, Ricardo Reis, Álvaro de Campos, Fernando Pessoa, e quantos haja havidos ou por haver"[8]. Ou ainda: "Que importa que Caeiro seja de mim, se assim é Caeiro?"[9] É nestes termos que Pessoa manifesta a consciência de que o ortônimo e os heterônimos têm uma existência literária própria, e que a sua proximidade torna reais as personagens e ficcional o autor.

5. O sistema dos heterônimos ilustra um modo de escrita *sui generis*, pois entre os termos habituais de literatura, autor e personagens introduz uma nova instância – a personagem-autor – que evidencia o artifício da expressão e brinca com as tradições da instituição literária.

Entre esses autores, o ortônimo é especial, porque é muito mais variado: é o simbolista, o nacionalista, o paúlico, o ocultista, o poeta popular etc. Aliás, também há textos que poderiam ter uma assinatura diferente da que o nome de Fernando Pessoa assina, como os artigos sobre a Nova Poesia Portuguesa de 1912, as crônicas de 1915 ou *O Interregno* de 1928. De fato, são textos que possuem uma personalidade própria, que obedecem a um sistema de regras que lhes é típico. Constituem, cada um deles, facetas do Fernando Pessoa ele próprio.

Os heterônimos, embora complexos, são tipificados. Alberto Caeiro é o poeta bucólico que filosofa o melhor que pode. Álvaro

7. *Páginas Íntimas*, p. 148.
8. *Idem*, p. 94.
9. *Idem*, p. 110.

O SISTEMA DOS HETERÔNIMOS 235

de Campos é o decadente futurista e metafísico. Ricardo Reis é o epicurista que se torna estoico.

Os muitos heterônimos menores são, depois de 1914, sobretudo prosadores, como o filósofo neopagão António Mora ou Raphael Baldaya, astrólogo e ocultista. Há nomes que se organizam em redes familiares como os Caeiro e os Reis. Há os que desaparecem de repente, como o Vicente Guedes que ocupa e depois desocupa o lugar de autor do *Livro do Desassossego*, e os que se transformam, como o Bernardo Soares heterônimo do princípio de 1920, que se torna no Bernardo Soares semi-heterônimo do final da mesma década. Nesta vasta e complicada "*coterie* inexistente", o "fingidor" está sempre à distância das suas personagens, tal e qual um ator. E isto torna-se especialmente claro com o "semi-heterônimo" Bernardo Soares, que é, como Pessoa na sua vida real, empregado de escritório na Baixa de Lisboa, mas que constrói uma figura singular de eremita urbano.

6. A atribuição é necessária para ler os poemas de Pessoa. Nem se pode perceber o que dizem sem saber a voz da personagem que os profere. O que António Mora diz a sério seria uma ironia na boca de Álvaro de Campos, o que é profundo em Alberto Caeiro seria desinteressante em Ricardo Reis. Tomemos uma frase como esta, que serve para definir Mallarmé: "A música de metade das palavras, e metade das palavras da música"[10]. Lida como sendo de Pessoa, parece um simples trocadilho. Mas, se se reconhecer nela a voz de Álvaro de Campos, o que a frase logo significa é uma leitura de Mallarmé segundo a matriz musical, mas acrescentando-lhe uma queixa irônica dirigida ao seu hermetismo. Este sentido compreende-se a partir da dicção de Álvaro de Campos, que é tudo menos hermética.

10. *Prosa de Álvaro de Campos*, p. 62.

236   INTRODUÇÃO AO ESTUDO DE FERNANDO PESSOA

7. Nos anos 1930, quando as fronteiras nítidas entre os heterônimos e o ortônimo se vão perdendo, no tempo dos semi-heterônimos e das prosas mais ou menos narrativas, passa a contar o sistema de reconhecimento mais antigo, daquilo a que chamamos literatura: a força das personagens. Quer o Barão de Teive, quer Bernardo Soares, quer Abílio Quaresma são personagens fortes, mas não ocupam o espaço do autor, não perturbam a função-autor. A ficção, a autoficção e a poesia recuperam os seus lugares e o autor destaca-se das suas personagens.

8. Pessoa, num dos fragmentos que deixou, define uma das qualidades do ser português como a "adaptabilidade, que no mental dá a instabilidade, e portanto a diversificação do indivíduo dentro de si mesmo". De modo que pode concluir: "o bom português é várias pessoas"[11].

Também, aliás, a propósito do Sensacionismo, aparece a seguinte afirmação, atribuível a Thomas Crosse[12]: "O temperamento português é universal". E é claro que a definição desse temperamento assenta na sua história, como explica a seguir: "O ato verdadeiramente grande da História portuguesa – esse longo, cauteloso, científico período dos Descobrimentos – é o grande ato cosmopolita da História"[13].

Esta definição do temperamento português é um modo de combinar a perspectiva nacionalista com a poética dos heterônimos. Mas a ideia tem uma especificação cosmopolita na entrevista de 1923 à *Revista Portuguesa*:

> Por arte portuguesa deve entender-se uma arte de Portugal que nada tenha de português, por nem sequer imitar o estrangeiro. Ser por-

---

11. *Páginas Íntimas*, p. 94.
12. *Prosa Íntima*, p. 470.
13. Trad. de Tomás Kim, *Páginas Íntimas*, p. 151.

O SISTEMA DOS HETERÔNIMOS   237

tuguês, no sentido decente da palavra, é ser europeu sem a má-criação de nacionalidade[14].

9. A criação heteronímica baseia-se numa relação intertextual forte: Fernando Pessoa e Maeterlinck, Álvaro de Campos e Walt Whitman. No entanto, mesmo no caso mais notável de Ricardo Reis, a presença de Horácio torna-se sobretudo um ambiente, um cenário para a sua poesia. A referência intertextual em Pessoa implica sempre um efeito de distanciamento.

Eis o que se liga com a ironia de que fala no artigo sobre "O Provincianismo Português" a propósito de uma certa característica da cultura nacional:

> A ironia é isto. Para a sua realização exige-se um domínio absoluto da expressão, produto de uma cultura intensa; e aquilo a que os ingleses chamam *detachment* – o poder de afastar-se de si mesmo, de dividir-se em dois, produto daquele "desenvolvimento da largueza de consciência" em que, segundo o historiador alemão Lamprecht, reside a essência da civilização. Para a sua realização exige-se, em outras palavras, o não se ser provinciano[15].

Ironia e distanciamento são elementos essenciais da heteronímia.

10. O Simbolismo-Decadentismo cria uma imagem de poeta encerrado numa torre de marfim. Mallarmé descreve essa situação com a frase "c'est le cas d'un homme qui s'isole pour sculpter son propre tombeau"[16]. Ora, a crítica pessoana tem cultivado esta ideia do isolamento, que talvez seja formulada do modo mais ra-

---

14. *Crítica*, p. 197.
15. *Idem*, p. 273.
16. "É o caso de um homem que se isola para esculpir o seu próprio túmulo" (*Oeuvres Complètes*, p. 869).

dical por Jorge de Sena num dos seus últimos artigos, intitulado "Fernando Pessoa: o Homem que Nunca Foi" (1977).

Jorge de Sena não coloca o problema em termos literários, como, por exemplo, Leyla Perrone-Moisés num artigo de 1974, "Pessoa Ninguém?", onde se lê: "É preciso render-se à evidência da sua perfeita invisibilidade, devida à sua perfeita divisibilidade"[17]. Aqui, a questão do autor tem a ver com a escrita poética. Quanto a Jorge de Sena, ele afirma a "inexistência" de Pessoa misturando vida e poesia:

> Não tendo criados para viverem por ele a vida, como o célebre aristocrata das memórias de Saint-Simon, ele criou um grupo de criaturas que tal serviço lhe prestassem – e, entretanto, de pé encostado à sua cômoda alta, ou onde calhasse que estivesse, ele seria quer o humilde cronista deles todos, ou o lamento do esvaziado espaço[18].

Jorge de Sena, de fato, delineia com esta alegoria um mito de Pessoa, mais que um perfil biográfico ou uma análise literária.

11. De si mesmo, Pessoa esboça alguns retratos. Que influenciam a citação do seu mito, por mostrarem como quereria que os olhos dos outros o vissem. Por exemplo, num fragmento póstumo em inglês, datado de 1908, utiliza uma noção de íntima fratura em que a solidão e a falta de vontade são os traços dominantes:

> Jamais houve alma mais amante ou terna do que a minha, alma mais repleta de bondade, de compaixão, de tudo o que é ternura e amor. Contudo, nenhuma alma há tão solitária como a minha – solitária, note-se, não mercê de circunstâncias exteriores, mas sim de circunstâncias interiores. O que quero dizer é: a par da minha grande ternura e bondade, entrou no meu caráter um elemento de natureza inteiramente

---

17. *Aquém do Eu Além do Outro*, p. 17.
18. *Fernando Pessoa & Cia. Heterônima*, p. 192.

oposta, um elemento de tristeza, egocentrismo, portanto de egoísmo, produzindo um efeito duplo: deformar e prejudicar o desenvolvimento e a plena ação interna daquelas outras qualidades, e prejudicar, deprimindo a vontade, a sua plena ação externa, a sua manifestação[19].

Outro exemplo de autorretrato, desta vez num artigo publicado em 1923, "Carta ao Autor de *Sachá*": "O emprego excessivo e absorvente da inteligência"[20]. Aqui, é uma outra versão da imagem do isolado que é construída: a do exercício desencarnado da razão.

Logo que Pessoa morre, Almada desenha aquele que fica a ser o ícone do poeta, primeiro publicado no *Diário de Lisboa* no final de 1935, depois na capa do número da *presença* que, em 1936, lhe é dedicado: o bigodinho triangular que joga com os dois triângulos do laço e a própria forma da face, os óculos ovais, o chapéu. Esse desenho marca a imagem de Pessoa. A ele Almada acrescenta, no artigo do *Diário de Lisboa* (de 6.12.1935) que a ilustração acompanha, o esboço de uma interpretação da sua vida e da sua obra: "Não conheci exemplo igual ao de Fernando Pessoa: o do homem substituído pelo poeta!" Mais tarde, o citado Jorge de Sena vem atualizar essa interpretação com a sua imagem do "homem que nunca foi".

Trata-se de figurar uma personalidade cerebral, um ser feito de literatura. Esta tornou-se a matriz do mito corrente do poeta dos heterônimos, sobretudo no final do século XX.

12. Como vimos, há duas teorias que Pessoa propõe para o sistema dos heterônimos. A primeira é de base literária e tem a ver com o gênero do poema dramático, a segunda tem como base a psiquiatria. A poética do fingidor tem diferente interpretação

---

19. Trad. Jorge Rosa, *Páginas Íntimas*, p. 6.
20. *Crítica*, p. 190.

em cada uma das linhas: na teoria dramática, o ato de fingir do poeta é homólogo ao do ator; na teoria da múltipla personalidade, o ato de fingir corresponde a um "fundo traço de histeria"[21]. A heteronímia, assim, ou é concebida como um drama com personagens ou como um drama de personalidade.

13. Escreve Pessoa, algures no início dos anos 1930, num apontamento manuscrito: "Sou hoje o ponto de reunião de uma pequena humanidade só minha"[22]. O tema da multiplicidade já se encontra vinte anos antes, no momento de *Orpheu* e dele característico – "sinto-me múltiplo"[23]. Mas acrescenta o referido apontamento dos anos 1930:

> Trata-se, contudo, simplesmente do temperamento dramático elevado ao máximo; escrevendo, em vez de dramas em atos e ação, dramas em almas. Tão simples é, na sua substância, este fenômeno aparentemente tão confuso.

A aproximação com o teatro impõe-se num prefácio que Pessoa esboçara dez anos antes, mas aí com uma amplitude conceptual maior:

> O certo, porém, é que o autor destas linhas – não sei bem se o autor destes livros – nunca teve uma só personalidade, nem pensou nunca, nem sentiu, senão dramaticamente, isto é, numa pessoa, ou personalidade, suposta, que mais propriamente do que ele próprio pudesse ter esses sentimentos[24].

Isto é, nesta passagem Pessoa sintetiza as duas teorias da heteronímia, a dramática e a psiquiátrica, falando da sua ten-

---

21. *Teoria da Heteronímia*, p. 275.
22. *Idem*, p. 231.
23. *Idem*, p. 149.
24. *Pessoa Inédito*, p. 95.

O SISTEMA DOS HETERÔNIMOS 241

dência multipersonalitária como um simples modo dramático de sentir.

As referências ao tema da poesia dramática podiam multiplicar-se. Por exemplo, na referência a Shakespeare como o "supremo despersonalizado"[25], para introduzir uma ideia-chave: a de que "o mau dramaturgo é o que se revela" nas suas criações. E dá um exemplo de si: "escrevi com sobressalto e repugnância o poema VIII do *Guardador de Rebanhos*, com a sua blasfêmia infantil e o seu antiespiritualismo absoluto"[26].

Todo o trabalho pessoano de reinvenção da poesia continua aspectos importantes da tradição literária e, ao mesmo tempo, implica o discurso contemporâneo da psicanálise.

14. A obra de Pessoa vai-se transformando, ao longo de mais de trinta anos, em torno das questões essenciais: o autor, o leitor, a personagem, o livro, a ficção, a realidade. As personagens de autores que põe em cena podem variar em termos de definição conceptual, mas mantém-se sempre vivo o efeito da heteronímia. E a sua complexidade é tornada simples pela limpidez da escrita.

25. *Páginas Íntimas*, p. 116.
26. *Teoria da Heteronímia*, p. 137.

Cronologia

1888 – Fernando António Nogueira Pessoa nasce a 13 de junho num prédio em frente do teatro de S. Carlos, nº 4, 4º esq., em Lisboa, primeiro filho de Joaquim Pessoa, funcionário-público e crítico musical no *Diário de Notícias* entre 1876 e 1892, e de Maria Madalena Nogueira.

Dentre os antepassados do lado do pai, contam-se: Sancho Pessoa da Cunha, do Fundão, judeu, astrólogo e ocultista, condenado pela Inquisição em 1706; um capitão de artilharia que recebe cartas de nobreza no final do século XVIII; o avô Joaquim Pessoa, general combatente das campanhas liberais, casado com a avó Dionísia, que se fixa em Tavira – onde há de nascer Álvaro de Campos.

Do lado da mãe, a família tem raízes na ilha Terceira dos Açores, e o avô, o Conselheiro Luís António Nogueira, chega a Diretor--Geral do Ministério do Reino.

1893 – O pai morre de tuberculose aos 43 anos.

1895 – A avó Dionísia é internada dois meses no manicômio de Rilhafoles.

A mãe volta a casar com João Miguel Rosa, que será cônsul em Durban, colônia inglesa de Natal.

1896 – Em janeiro, viaja com a mãe para Durban, em fevereiro ingressa numa escola de freiras irlandesas.

1899 – Passa a frequentar a Durban High School.

1901 – É de 12 de maio deste ano o seu primeiro poema conhecido. Conclui em junho o curso liceal.

Em agosto parte para Portugal com a família para um ano de férias, e visita a família do pai em Tavira.

1902 – Vai visitar a família da mãe à Ilha Terceira, onde compõe o jornal manuscrito *O Palrador*, a que se segue um outro, *A Palavra*.

Publica pela primeira vez um poema em *O Imparcial*, de Lisboa, assinado Fernando Pessoa ("Quando a Dor me Amargurar").

Regressa a Durban em setembro, e matricula-se na Escola Comercial.

1903 – Começa a escrever poemas, contos e ensaios em inglês sob o nome de Charles Robert Anon.

Continua *O Palrador*, revista manuscrita em que colaboram o Dr. Pancrácio, Eduardo Lança e outros autores inventados.

Publica em 11 de julho o seu primeiro poema em inglês, "The Miner's Song", no jornal *The Natal Mercury*, com uma apresentação, assinada por W. W. Austin, que o atribui a Karl P. Effield.

Faz exame de admissão à Universidade do Cabo, recebendo a sua redação, entre 899 examinandos, o Queen Victoria Memorial Prize.

1904 – Matricula-se em fevereiro no liceu de Durban, onde prepara o exame do primeiro ano do curso da Universidade.

Publica em dezembro na revista do liceu, *The Durban High School Magazine*, o ensaio "Macaulay".

Publica um poema satírico no jornal *Natal Mercury*, assinando com o nome Charles Robert Anon.

Obtém a melhor nota no exame da Universidade do Cabo, o que daria acesso a uma bolsa para uma universidade inglesa, mas a bolsa é entregue ao segundo classificado, um inglês.

Assinando Horace James Faber, inicia, entre outros textos, uma novela policial, *The Case of the Science Master*.

1905 – Em agosto, volta sozinho para Lisboa.

CRONOLOGIA

Matricula-se no Curso Superior de Letras, no curso para a carreira diplomática.

1906 – Tendo faltado aos exames, volta a matricular-se no primeiro ano do mesmo curso.

A família vem passar férias em Lisboa.

Alexander Search, inglês nascido em Lisboa, sucede a Charles Robert Anon e assume os poemas dele antes escritos.

1907 – Desiste do Curso Superior de Letras.

A família regressa a Durban.

Passa a viver em casa das tias-avós maternas Maria e Rita e da avó paterna Dionísia, que morre, deixando-lhe uma pequena herança. Começa a trabalhar como correspondente estrangeiro em casas comerciais.

1908 –Torna-se muito próximo do General Henrique Rosa, irmão do padrasto, poeta e republicano.

Em setembro, graças a leituras da poesia de Almeida Garrett, começa a escrever versos em português.

Elabora o plano de *Transformation Book or Book of Tasks*, que inclui o poeta Alexander Search, o satirista sr. Pantaleão, o moralista Jean Seul e o tradutor Charles James Search.

1909 – Vai a Portalegre em agosto comprar máquinas tipográficas, e instala na Rua da Conceição da Glória a Empresa Ibis, Tipografia Editora.

Compõe dois jornais datilografados, *O Progresso* e *A Civilização*, e projeta dois jornais antimonárquicos, *O Fósforo* e *O Iconoclasta*.

Concebe Vicente Guedes, que começa por ser um poeta colaborador do *Iconoclasta*.

1910 – Encerra em junho a Empresa Íbis.

1911 – Recusa uma proposta do editor inglês Kellogg, que lhe encomendara traduções de poesia, para se mudar para Inglaterra.

Adere à Renascença Portuguesa, associação cívica de intervenção política e cultural fundada por Teixeira de Pascoaes, Jaime Cortesão, Leonardo Coimbra e outros.

1912 – Publica em *A Águia*, órgão da Renascença Portuguesa, três artigos sobre a Nova Poesia Portuguesa.

Inicia correspondência com Mário de Sá-Carneiro, que vai entretanto estudar em Paris.

Vive na casa da tia Anica.

1913 – Publica artigos na revista *Teatro*.

Publica em *A Águia* um artigo sobre a primeira exposição de caricaturas de Almada Negreiros.

Em Agosto, publica em *A Águia* a prosa "Na Floresta do Alheamento", que indica pertencer ao *Livro do Desassossego*.

1914 – "Impressões do Crepúsculo", díptico no número único de *A Renascença*, lança o Paulismo.

Aparecem e definem-se os três grandes heterônimos.

Traduz para inglês trezentos provérbios portugueses, que não chegam a ser publicados.

Entra em ruptura com *A Águia*, que se recusa a publicar "O Marinheiro".

A tia Anica vai para a Suíça.

1915 – Saem os dois números de *Orpheu*, em março e em junho, onde publica "O Marinheiro" e "Chuva Oblíqua" e, assinados por Álvaro de Campos, o "Opiário", "Ode Triunfal" e "Ode Marítima".

É um ano de muitos textos, entre os quais uma série de seis, "Crônica da Vida que Passa" (um sétimo é censurado), e o artigo republicano "O Preconceito da Ordem" em *Eh Real!*

Traduz dois livros de teosofia.

1916 – Na revista *Exílio*, publica o poema paúlico "Hora Absurda" e o artigo "Movimento Sensacionista".

A 26 de abril, Mário de Sá-Carneiro suicida-se em Paris.

Publica "A Ceifeira" na revista *Terra Nossa*.

Na revista *Centauro*, saem os catorze sonetos da série "Passos da Cruz".

Traduz quatro livros de teosofia.

1917 – Colabora no *Portugal Futurista* com os poemas "Episódios", de Fernando Pessoa, e o manifesto de Álvaro de Campos, *Ultimatum* (também publicado em separata).

CRONOLOGIA

Envia *The Mad Fiddler* à editora inglesa Constable and Company, que lhe recusa a publicação.

Publica em *O Heraldo*, de Faro, o poema "A Casa Branca Nau Preta".

Abre a firma F. A. Pessoa, que trespassa no ano seguinte.

1918 – Publica dois opúsculos de poemas em inglês, "35 Sonnets" e "Antinous", de que o suplemento literário do *Times* e o *Glasgow Herald* dão notícia.

1919 – A revista londrina *The Athenaeum* insere notas de recepção a "35 Sonnets" e "Antinous", não muito favoráveis.

Colabora no jornal *Ação*, órgão do Núcleo de Ação Nacional dirigido pelo amigo Geraldo Coelho de Jesus, com dois artigos: "Como Organizar Portugal" e "A Opinião Pública".

O padrasto João Miguel Rosa morre em Pretória.

1920 – O poema "Meantime", do livro *The Mad Fiddler*, é publicado na revista de Londres *The Athenaeum*.

Começa uma correspondência amorosa com Ofélia Queirós, que dura nove meses, entre março e novembro.

Vai viver com a mãe e os três meios-irmãos na Rua Coelho da Rocha.

Publica "À Memória do Presidente-Rei Sidónio Pais" no jornal *Ação*, e o soneto "Abdicação" na revista *Ressurreição*.

Sob o nome A. A. Crosse, participa em concursos de charadas do *Times* de Londres.

Os meios-irmãos Luís Miguel e João Maria vão viver na Inglaterra.

1921 – Cria a editora Olisipo, onde publica *English Poems* I-II (que inclui a reescrita de "Antinous" mais "Inscriptions") e *English Poems* III (um só poema, "Epithalamium"), e ainda, de Almada Negreiros, "A Invenção do Dia Claro".

1922 – Na *Contemporânea* 1 publica "O Banqueiro Anarquista" e, na *Contemporânea* 4, os doze poemas de *Mar Português*.

Edita na Olisipo a 2ª edição das *Canções* de António Botto.

Na *Contemporânea* 3 publica um ensaio sobre António Botto.

1923 – Edita na *Olisipo,* "Sodoma Divinizada", de Raul Leal, livro que é proibido, junto com "Canções", de António Botto e "Decadência", de Judite Teixeira.

Imprime e faz circular dois manifestos, um assinado Álvaro de Campos, *Aviso por Causa da Moral,* outro com o seu nome, *Sobre um Manifesto de Estudantes,* a propósito da apreensão policial dos livros e da polêmica em torno da homossexualidade de António Botto e Raul Leal, defendendo os amigos.

Álvaro de Campos – "Lisbon Revisited (1923)" – e Fernando Pessoa publicam poemas na *Contemporânea.*

Coassina um protesto de escritores e intelectuais contra a proibição da peça de António Ferro, *Mar Alto,* representada no Teatro São Carlos, e também acusada de imoralidade.

1924 – Saem três números de *Athena. Revista de Arte,* com direção artística de Ruy Vaz e direção literária de Pessoa, onde se dá a lume a poesia de um novo heterônimo, Ricardo Reis: "Odes. Livro Primeiro".

Na mesma revista, Fernando Pessoa publica "Alguns Poemas", e Álvaro de Campos três artigos de teoria estética.

1925 – Nos penúltimo e último números da *Athena* aparecem duas extensas antologias de Alberto Caeiro.

Morrem a sua mãe e Henrique Rosa.

Traduz *A Letra Encarnada,* de Nathaniel Hawthorne.

1926 – Publica "O Menino da Sua Mãe" e "Lisbon Revisited (1926)", de Álvaro de Campos, na *Contemporânea.*

Tem muita colaboração nos seis números da *Revista de Comércio e Contabilidade,* publicada de janeiro a junho e dirigida pelo cunhado Francisco Caetano Dias.

Publica o conto "Um Grande Português".

1927 – Inicia-se em Coimbra a revista *presença*: logo no número 5 publica o poema "Marinha", em seu nome, e a prosa "Ambiente", de Álvaro de Campos.

Há de publicar na *presença* cerca de três dezenas de textos.

CRONOLOGIA 249

1928 – Publica o opúsculo *O Interregno. Defesa e Justificação da Ditadura Militar em Portugal.*

Publica na *presença* duas "Tábuas Bibliográficas" em dois números sucessivos, um apresentando Sá-Carneiro e outro em que se apresenta a si, dividindo a sua obra em heterônima e ortônima.

Inventa o fidalgo suicidário Barão de Teive.

Funda a Solução Editora com José Pacheco, Mário Saa, António Botto e outros.

1929 – Bernardo Soares aparece em público, pela primeira vez, em dois trechos do *Livro do Desassossego* em dois números da revista *Solução Editora.*

Reacende-se em setembro a correspondência amorosa com Ofélia Queirós, que durará quatro meses.

Gaspar Simões publica, no seu livro *Temas*, o primeiro estudo dedicado a Pessoa.

1930 – Sai "Aniversário" de Álvaro de Campos na *presença*, entre outros textos.

Pierre Hourcade publica um artigo sobre a obra de Pessoa na revista parisiense *Contacts.*

Aleister Crowley chega a Lisboa a 2 de setembro para conhecer Pessoa e acaba fingindo suicidar-se na Boca do Inferno 21 dias depois.

Sai no *Notícias Ilustrado* de 4 de outubro "Uma Sensacional Reportagem de Augusto Ferreira Gomes sobre o Desaparecimento do Escritor Aleister Crowley", para a qual Fernando Pessoa dá um extenso depoimento em que comenta, sem nada concluir, o acontecido.

Sai no *Girassol* de 16 de dezembro uma entrevista com Fernando Pessoa ainda sobre o caso Aleister Crowley, com novas especulações a respeito.

1931 – Publica na *presença* a tradução do "Hino a Pã" de Aleister Crowley, o poema VIII de *O Guardador de Rebanhos*, de Alberto Caeiro, e "Notas para a Recordação do Meu Mestre Caeiro", de Álvaro de Campos.

250 INTRODUÇÃO AO ESTUDO DE FERNANDO PESSOA

Sai um importante conjunto de cinco fragmentos do *Livro do Desassossego* na revista *Descobrimento*.

1932 – Publica prefácios para Eliezer Kamenezky e António Botto, além do artigo "O Caso Mental Português".

Concorre ao lugar de Conservador-Bibliotecário do Museu-Biblioteca Conde de Castro Guimarães, em Cascais, mas não é escolhido.

A "Autopsicografia" sai na *presença*, e publica poemas e três trechos de *O Livro do Desassossego* em diferentes lugares.

1933 – Nos *Cahiers du Sud*, de Marselha, são apresentadas por Pierre Hourcade traduções de cinco poemas de Pessoa.

Publica na *presença* a "Tabacaria", de Álvaro de Campos, e "Isto", de Fernando Pessoa.

Publica um novo ensaio sobre António Botto.

1934 – Escreve um prefácio para *Quinto Império*, de Augusto Ferreira Gomes, e faz sair na *presença* o ocultista "Eros e Psique".

Durante este ano e no seguinte, escreve centenas de "quadras populares".

Publica, a 1 de dezembro, *Mensagem*, a que é atribuído, a 31 de dezembro, o Prêmio Antero de Quental pelo Secretariado de Propaganda Nacional, dirigido por António Ferro.

1935 – Envia a Adolfo Casais Monteiro uma essencial carta sobre a gênese dos heterônimos.

Escreve um artigo sobre as "Associações Secretas" no *Diário de Lisboa*, que também sai em folheto sob o título *A Maçonaria*.

Novo ensaio sobre António Botto.

Colabora na revista *Sudoeste*, de Almada Negreiros, com duas notas e um último poema, "Conselho".

Morre a 30 de novembro.

1942 – A editorial Ática começa a publicar os livros de Fernando Pessoa, com edição de João Gaspar Simões e Luís de Montalvor.

1982 – Publica-se *O Livro do Desassossego*.

Bibliografia

Fernando Pessoa

A Educação do Estoico. Ed. Richard Zenith. Lisboa, Assírio & Alvim, 1999.

A Hora do Diabo. Ed. Teresa Rita Lopes. 2ª ed. Lisboa, Assírio & Alvim, 1997.

Apreciações Literárias. Ed. Pauly Ellen Bothe, Lisboa, Imprensa Nacional-Casa da Moeda, 2013.

Cartas a Armando Côrtes-Rodrigues. Ed. Joel Serrão (1945). 2ª ed. Lisboa, Livros Horizonte, 1985.

Cartas Astrológicas. Ed. Paulo Cardoso e Jeronimo Pizarro. Lisboa, Bertrand, 2011.

Cartas de Fernando Pessoa a João Gaspar Simões. Ed. João Gaspar Simões (1957). 2ª ed. Lisboa, Imprensa Nacional-Casa da Moeda, 1982.

Contra Salazar. Ed. António Apolinário Lourenço. Coimbra, Angelus Novus, 2008.

Correspondência 1905-1922. Ed. Manuela Parreira da Silva. Lisboa, Assírio & Alvim, 1998.

Correspondência 1923-1935. Ed. Manuela Parreira da Silva. Lisboa, Assírio & Alvim, 1999.

252 INTRODUÇÃO AO ESTUDO DE FERNANDO PESSOA

Crítica. Ed. Fernando Cabral Martins. Lisboa, Assírio & Alvim, 2000.

Encontro Magick. Ed. Miguel Roza Lisboa, Assírio & Alvim, 2010.

Escritos Autobiográficos, Automáticos e de Reflexão Pessoal. Ed. Richard Zenith. Lisboa, Assírio & Alvim, 2003.

Escritos Íntimos, Cartas e Páginas Autobiográficas. Ed. António Quadros, Lisboa, Europa-América, 1986.

Escritos sobre Gênio e Loucura. Ed. Jerónimo Pizarro. Lisboa, Imprensa Nacional-Casa da Moeda, 2006.

Eu Sou uma Antologia. 136 Autores Fictícios. Ed. Jerónimo Pizarro e Patricio Ferrari. Lisboa, Tinta da China, 2013.

Fausto – Tragédia Subjetiva. Ed. Teresa Sobral Cunha. Lisboa, Presença, 1988.

Fernando Pessoa e a Filosofia Hermética. Ed. Yvette Centeno. Lisboa, Presença, 1985.

Livro do Desassossego. Ed. Richard Zenith. 8ª ed. Lisboa, Assírio & Alvim, 2009.

Mensagem. Lisboa, Assírio & Alvim, 1997.

Mensagem e Outros Poemas sobre Portugal. Ed. Fernando Cabral Martins e Richard Zenith. Lisboa, Assírio & Alvim, 2014.

O Banqueiro Anarquista. Ed. Manuela Parreira da Silva. Lisboa, Assírio & Alvim, 1999.

O Mendigo e Outros Contos. Ed. Ana Maria Freitas. Lisboa, Assírio & Alvim, 2012.

Obra Poética. Ed. Maria Aliete Galhoz (1960). 4ª ed. Rio de Janeiro, Aguilar, 1972.

Obras de António Mora. Ed. Luís Filipe B. Teixeira. Lisboa, Imprensa Nacional-Casa da Moeda, 2002.

Notas para a Recordação do Meu Mestre Caeiro, de Álvaro de Campos. Ed. Teresa Rita Lopes. Lisboa, Estampa, 1997

Páginas de Estética e de Teoria e Crítica Literárias. Ed. Jacinto do Prado Coelho e Georg Rudolf Lind, Lisboa, Ática, 1966.

Páginas Íntimas e de Autointerpretação. Ed. Jacinto do Prado Coelho e Georg Rudolf Lind. Lisboa, Ática, 1966.

Pessoa Inédito. Ed. Teresa Rita Lopes. Lisboa, Livros Horizonte, 1993.

Pessoa por Conhecer, II. Ed. Teresa Rita Lopes. Lisboa, Estampa, 1990.

BIBLIOGRAFIA 253

Poesia de Alexander Search. Ed. e trad. Luísa Freire. Lisboa, Assírio & Alvim, 1999.

Poesia de Ricardo Reis. Ed. Manuela Parreira da Silva. Lisboa, 2000.

Poesia de Alberto Caeiro. Ed. Fernando Cabral Martins e Richard Zenith. 3ª ed. Lisboa, Assírio & Alvim, 2014.

Poesia de Álvaro de Campos. Ed. Teresa Rita Lopes. Lisboa, Assírio & Alvim, 2002.

Poesia 1902-1917. Ed. Manuela Parreira da Silva, Ana Maria Freitas e Manuela Dine. Lisboa, Assírio & Alvim, 2005

Poesia 1918-1930. Ed. Manuela Parreira da Silva, Ana Maria Freitas e Manuela Dine. Lisboa, Assírio & Alvim, 2005.

Poesia 1931-1935. Ed. Manuela Parreira da Silva, Ana Maria Freitas e Manuela Dine. Lisboa, Assírio & Alvim, 2006.

Poesia Inglesa I e II. Ed. e trad. Luísa Freire. Lisboa, Assírio & Alvim, 2000.

Prosa de Álvaro de Campos. Ed. Jerónimo Pizarro e Antonio Cardiello. Lisboa, Ática, 2012.

Prosa Íntima e de Autoconhecimento. Vol. 5 da *Obra Essencial de Fernando Pessoa.* Ed. Richard Zenith. Lisboa, Assírio & Alvim, 2007.

Prosa Publicada em Vida. Vol. 3 da *Obra Essencial de Fernando Pessoa.* Ed. Richard Zenith. Lisboa, Assírio & Alvim, 2006.

Quaresma, Decifrador. Ed. Ana Maria Freitas. Lisboa, Assírio & Alvim, 2008.

Teoria da Heteronímia. Ed. Fernando Cabral Martins e Richard Zenith. Lisboa, Assírio & Alvim, 2012.

Textos de Crítica e de Intervenção. Lisbos, Ática, 1980.

Textos Filosóficos I e II. Ed. António de Pina Coelho. Lisboa, Ática, 1968.

The Transformation Book. Ed. Nuno Ribeiro e Cláudia Souza. New York, Contra Mundum Press, 2014.

Sebastianismo e Quinto Império. Ed. Jorge Uribe e Pedro Sepúlveda. Lisboa, Ática, 2011.

Sensacionismo e Outros Ismos. Ed. Jerónimo Pizarro. Lisboa, Imprensa Nacional-Casa da Moeda, 2009.

Sobre Portugal. Ed. Joel Serrão. Lisboa, Ática, 1979.

254 INTRODUÇÃO AO ESTUDO DE FERNANDO PESSOA

Ultimatum e Páginas de Sociologia Política. Ed. Joel Serrão. Lisboa, Ática, 1980.

Outra

Dicionário de Fernando Pessoa e do Modernismo Português. Coord. Fernando Cabral Martins. 2ª ed. São Paulo, Leya, 2010.

Orpheu. Ed. fac-similada. Lisboa, Contexto, 1989.

ANDRADE, Eugénio de. *Poesia e Prosa* (1980). 2ª ed. Porto, Limiar, 1981.

AUERBACH, Erich. *Figura* (1938). Trad. bras., São Paulo, Ática, 1997.

BELCHIOR, Maria de Lourdes. "*Ode Marítima*: A 'Construção' do Poema". *Persona* 11-12. Porto, dez. de 1985.

BRADBURY, Malcolm & MACFARLANE, James. *Modernism 1890-1930*. London, Penguin, 1976.

BÜRGER, Peter. *Theory of the Avant-Garde* (1974). Trad. amer., Minneapolis, University of Minnesota Press, 1984.

CESARINY, Mário. *Vieira da Silva, Arpad Szenes ou o Castelo Surrealista*. Lisboa, Assírio & Alvim, 1984.

DE MAN, Paul. *A Resistência à Teoria* (1986). Trad. port., Lisboa, Edições 70, 1989.

ELIOT, T. S. *Ensaios de Doutrina Crítica*. Ed. e trad. J. Monteiro-Grillo e Fernando de Mello Moser. Lisboa, Guimarães, 1962.

ELIOT, T. S. *Ensaios Escolhidos*. Ed. e trad. Maria Adelaide Ramos. Lisboa, Cotovia, 1992.

EYSTEINSSON, Astradur. *The Concept of Modernism*. New York, Cornell University Press, 1990.

FISCHER, Claudia J. "Autotradução e Experimentação Linguística na Gênese de 'O Marinheiro' de Fernando Pessoa". *Pessoa Plural* 1, primavera de 2012, disponível em: <http://www.brown.edu/Departments/Portuguese_Brazilian_Studies/ejph/pessoaplural/articles.html> (em 25.11.2012)

FOUCAULT, Michel. *O que É um Autor?* (1969). Trad. port., Lisboa, Vega, 1992.

FRANÇA, José-Augusto. "Almada" (1963). *Almada*, catálogo de exposição. Lisboa, FCG-CAM, 1984.

BIBLIOGRAFIA 255

FREITAS, Ana Maria. "O Enigma em Pessoa". *Sigila* 31, 2013.

FRIEDMAN, Susan Stanford. "Definitional Excursions: The Meanings of Modern / Modernity / Modernism". MODERNISM / *modernity*, vol. 8, n⁰ 3, 2001.

FRIEDRICH, Hugo. *Structure de la poésie moderne* (1956). Trad. fran., Paris, Librairie Générale Française, 1999.

GASSET, Ortega y. *La Deshumanización del Arte* (1925). Madrid, Alianza Editorial, 1981.

GIL, José. *Fernando Pessoa ou a Metafísica das Sensações*. Lisboa, Relógio d'Água, 1987.

GUIMARÃES, Fernando. *O Modernismo Português e a Sua Poética*. Porto, Lello, 1999.

HUTCHEON, Linda. *Uma Teoria da Paródia* (1985). Trad. port., Lisboa, Edições 70, 1989.

JAKOBSON, Roman & PICCHIO, Luciana Stegagno. "Les oxymores dialectiques de Fernando Pessoa" (1968). In: *Picchio, La Méthode Philologique*, Paris, Fundação Calouste Gulbenkian, 1982, vol. 1.

KRISTEVA, Julia. *La Révolution du Langage Poétique. L' Avant-Garde à la Fin du XIXe Siècle*. Paris, Seuil, 1974.

LIMA, Duarte Pires de. *Breve Ensaio sobre o Modernismo*. Porto, 1944.

LOPES, Óscar. "Imagens do Cosmos na Poesia Portuguesa". *Jornal de Letras*, 17 de agosto de 1994.

LOPES, Teresa Rita. "Pessoa, Sá-Carneiro e as Três Dimensões do Sensacionismo". *Colóquio/Letras* 4, dez. 1971.

_____. & ABREU, Maria Fernanda de. *Fernando Pessoa, Hóspede e Peregrino*. Lisboa, Instituto Português do Livro, 1983.

_____: *Fernando Pessoa et le Drame Symboliste. Héritage et Création*. Paris, Fundação Calouste Gulbenkian, 1985.

LOURENÇO, Eduardo. "*Presença* ou a Contrarrevolução do Modernismo Português? (1960)". *Tempo e Poesia*, Porto, Inova, 1974.

_____. *Poesia e Metafísica*. Lisboa, Sá da Costa, 1983.

_____. *Fernando, Rei da Nossa Baviera*. Lisboa, Imprensa Nacional-Casa da Moeda, 1986.

MALLARMÉ, Stéphane. *Oeuvres Complètes*. Ed. Henri Mondor e G. Jean-Aubry, Paris, Gallimard, Bibl. de la Pléiade, 1945.

MARTINHO, Fernando J. B. "Limites Cronológicos do Modernismo Poético Português". *Largo Mundo Alumiado: Estudos em Homenagem a Vítor Aguiar e Silva*, Braga, CEH, 2004.

MOISÉS, Carlos Filipe. *O Poema e as Máscaras*. Coimbra, Almedina, 1981.

MORÃO, Paula. "Na Senda de *Orpheu* – Alicerces e Consequências". *Metamorfoses* 11.1, Rio de Janeiro, UFRJ 2011.

NEGREIROS, José de Almada. "Amadeo de Souza-Cardoso" (1959). *Textos de Intervenção*, Lisboa, Estampa, 1972.

_____. *Orpheu 1915-1965*. Lisboa, Ática, 1965.

_____. *Manifestos e Conferências*. Ed. Fernando Cabral Martins, Luís Manuel Gaspar e Sara Afonso Ferreira. Lisboa, Assírio & Alvim, 2006.

NIETZSCHE, Friedrich. *Poemas*. Trad. Paulo Quintela, Coimbra, 1981.

PASSOS, Soares de. *Poesias* (1856). Lisboa, Vega, 1983.

PAZ, Octavio. *O Desconhecido de Si Mesmo* (1965). Lisboa, Iniciativas Editoriais, 1980.

_____. *La Búsqueda del Comienzo (Escritos sobre el Surrealismo)* (1974). 3ª ed. Madrid, Fundamentos, 1983.

PERRONE-MOISÉS, Leyla. *Aquém do Eu Além do Outro* (1982). 3ª ed. São Paulo, Martins Fontes, 2001.

RAMALHO, Américo da Costa. "Demogorgon em Fernando Pessoa". *Panorama* 5, IV série, março de 1963.

SÁ-CARNEIRO, Mário de. *Cartas a Fernando Pessoa* I e II. Lisboa, Ática, 1958 e 1959.

_____. *Cartas a Maria e Outra Correspondência Inédita*. Ed. François Castex e Marina Tavares Dias. Lisboa, Quimera, 1992.

_____. *Verso e Prosa*. Ed. Fernando Cabral Martins. Lisboa, Assírio & Alvim, 2010.

SARAMAGO, José. "As Máscaras que se Olham". *Jornal de Letras*, 26 de nov. de 1985.

SCHLEGEL, Friedrich. "Fragments Critiques". In: *L'Absolu Littéraire. Théorie de la Littérature du Romantisme Allemand*. ed. e trad. Philippe Lacoue-Labarthe e Jean-Luc Nancy. Paris, Seuil, 1978.

SENA, Jorge de. *Fernando Pessoa & Cia. Heterônima*, II vol., Lisboa, Edições 70, 1981.

BIBLIOGRAFIA 257

SEPÚLVEDA, Pedro. *Os Livros de Fernando Pessoa*. Lisboa, Ática, 2013.

SILVA, Agostinho da. *Um Fernando Pessoa* (1959). 2ª ed. Lisboa, Guimarães Editores, 1988.

SILVA, Vítor Aguiar e. "Modernismo e Vanguarda em Fernando Pessoa". *Diacrítica* 11, 1996.

_____. "A Constituição da Categoria Periodológica de *Modernismo* na Literatura Portuguesa". *Diagonais das Letras Portuguesas Contemporâneas*. Coord. Luís Machado de Abreu, Aveiro, Fundação João Jacinto de Magalhães, 1996.

SIMÕES, João Gaspar. *Vida e Obra de Fernando Pessoa. História duma Geração* (1951). 3ª ed. Lisboa, Bertrand, 1973.

_____. *O Mistério da Poesia* (1931). 2ª ed. Porto, Inova, 1971.

SOUSA, João Rui de. *Fotobibliografia de Fernando Pessoa*. Lisboa, Imprensa Nacional-Casa da Moeda, 1988.

TAMEN, Miguel. *Maneiras de Interpretação*. Lisboa, Imprensa Nacional-Casa da Moeda, 1994.

TERLINDEN, Anne. *Fernando Pessoa: The Bilingual Poet*. Bruxelas, Facultés Universitaires Saint-Louis, 1990.

TORIELLO, Fernanda. *La Ricerca Infinita*. Bari, Adriatica Editrice, 1987.

WHITMAN, Walt, *The Complete Poems*. Ed. Francis Murphy, New York, Penguin, 1975.

WOOLF, Virginia. "Mr. Bennett and Mrs. Brown" (1924). In: *Modernism*. Ed. Kolocotroni, Goldman e Taxidou, Chicago, The University of Chicago Press, 1998

ZENITH, Richard & VIEIRA, Joaquim. *Fotobiografia de Fernando Pessoa*. São Paulo, Companhia das Letras, 2011.

Índice Onomástico

A

ALMEIDA, D. Tomás de – 56
ALMEIDA, Luís Pedro de Moitinho – 124
ALVAREZ, Dominguez – 19
ANDRADE, Carlos Drummond de – 103
ANON, Charles Robert – 32-33, 183, 244-245
APOLLINAIRE, Guillaume – 19
ARISTÓTELES – 154
AUERBACH, Erich – 193
AUSTIN, W. W. – 33, 244

B

BACON, Francis – 82, 175
BALDAYA, Raphael – 235
BANDARRA, Gonçalo Anes – 208, 210
BARROS, João de – 42
BAUDELAIRE, Charles – 18, 81, 196
BELCHIOR, Maria de Lourdes – 126
BESANT, Annie – 167
BLAKE, William – 84, 104, 197

BLAVATSKY, Helena – 167
BORJA, Luiz de – 81
BOTELHO, Pero – 177, 183-184
BOTTO, António – 17, 118, 124-125, 138, 140, 153, 212, 247-250
BRADBURY, Malcolm – 16
BRANDÃO, Júlio – 82
BRANDÃO, Raul – 82
BROWNING, Robert – 81
BÜRGER, Peter – 21, 155
BYNG, William – 185

C

CAEIRO, Alberto – 25-26, 29-30, 41, 44, 56, 75-76, 79, 83-84, 88, 97-117, 120, 123, 129, 144, 151-153, 155, 157-158, 163, 169, 184, 191, 198, 200, 202, 215, 217, 219-220, 222, 224-225, 228-230, 232, 234-235, 248-249
CAMÕES, Luís de – 34, 39, 42-43, 126, 205-207
CAMPOS, Álvaro de – 20-21, 23, 25-26, 28, 30, 32-33, 44, 54, 59, 69,

75, 79-80, 83-84, 87, 90-92, 97, 100, 105-107, 112, 115, 123-128, 139, 144-148, 150-155, 159, 164, 173, 180, 183, 191, 196, 198-199, 202, 206, 209, 218-225, 229-230, 234-235, 237, 243, 246, 248-250

CARLYLE, Thomas – 31

CARVALHO, Ronald de – 89-90

CASTRO, D. João de – 214

CASTRO, Eugénio de – 16, 27, 94

CESARINY, Mário – 88

CHATTERTON, Thomas – 81

COELHO, Adolfo – 46

COELHO, Jacinto do Prado – 81

COIMBRA, Leonardo – 245

COLERIDGE, Samuel Taylor – 31, 197

COLLINS, Mabel – 167

CORRA, Bruno – 93

CORTESÃO, Jaime – 245

CÔRTES-RODRIGUES, Armando – 13, 17, 20, 27, 40, 65, 73, 76, 88, 92, 94, 136-137, 191, 217

COSTA, Afonso – 92

CROSSE, A. A. – 247

CROSSE, Thomas – 99, 236

CROWLEY, Aleister – 171-173, 186--189, 249

CUNHA, Augusto – 56

CUNHA, Sancho Pessoa da – 243

CYSNEIROS, Violante de – 90

D

DIAS, Francisco Caetano – 156, 248

DIONÍSIO, João – 9

E

EFFIELD, Karl P. – 33, 224, 244

ELIOT, T. S. – 40, 81, 101, 112, 232

ELOY, Mário – 19

ESPANCA, Florbela – 140

EYSTEINSSON, Astradur – 21

F

FABER, Horace James – 32, 177, 183, 244

FERNANDO, D. – 213-214

FERRO, António – 16-17, 20, 54, 139, 178, 207, 248, 250

FISCHER, Claudia J. – 67

FOUCAULT, Michel – 80-81

FRANÇA, José-Augusto – 19, 211

FREIRE, Jerónimo – 82

FREIRE, Luísa – 34, 131

FREITAS, Ana Maria – 185

FREUD, Sigmund – 226

FRIEDMAN, Susan Stanford – 18

FRIEDRICH, Hugo – 25

G

GAMA, Vasco da – 205

GARRETT, Almeida – 81, 245

GASSET, Ortega y – 65

GIL, Augusto – 42

GIL, José – 69

GOETHE, Johann Wolfgang von – 45

GOMES, Augusto Ferreira – 146-147, 153, 171, 187-189, 204, 207-208, 249-250

GUEDES, Vicente – 77, 157, 161, 177, 235, 245

GUIBERT, Armand – 152

GUIMARÃES, Eduardo – 89

GUIMARÃES, Fernando – 15-16

GUISADO, Alfredo – 20, 27, 57, 88, 92, 128

GUSMÃO, Manuel – 80, 194

ÍNDICE ONOMÁSTICO

H

HAWTHORNE, Nathaniel – 248

HIRSH JR., E. D. – 160

HORÁCIO – 84, 119, 237

HOURCADE, Pierre – 9, 249-250

HUTCHEON, Linda – 71

J

JAEGER, Hanni – 187

JESUS, Geraldo Coelho de – 138, 247

JOYCE, James – 13

JULIO – 19

JUNQUEIRO, Guerra – 34, 135

K

KAMENEZKY, Eliezer – 250

KANT, Emmanuel – 185

KEATS, John – 80

KELLOGG, Warren F. – 245

KIM, Tomás – 54, 236

KISCH, Marvell – 177

KRISTEVA, Julia – 26

L

LAFORGUE, Jules – 20

LAMPRECHT, Karl – 237

LANÇA, Eduardo – 244

LARBAUD, Valéry – 81

LAUTRÉAMONT – 26

LE CORBUSIER – 20

LEADBEATER, C. W. – 167

LEAL, Gomes – 28

LEAL, Raul – 19-20, 90, 124-126, 138-140, 153, 248

LEÃO, António Ponce de – 54

LIMA, Ângelo de – 26-27, 89

LIMA, Duarte Pires de – 19

LIMA, João Lebre e – 61

LOPES, Fernão – 214

LOPES, Óscar – 147

LOPES, Teresa Rita – 69

LOURENÇO, Eduardo – 15, 32

LUCRÉCIO – 102

M

MACAULAY, Thomas – 31

MACFARLANE, James – 16

MACPHERSON, James – 81

MAETERLINCK, Maurice – 26, 67, 71, 89, 237

MAIAKOVSKI, Vladimir – 54, 81

MALLARMÉ, Stéphane – 26-27, 80, 89, 235, 237

MANSO, Joaquim – 42

MARIA JOSÉ – 179

MARIA, R. – 82

MARINETTI, Felipo Tommaso – 26, 28, 93

MARTINHO, Fernando J. B. – 15

MAURÍCIO, K. – 82

MENDES, Carlos Fradique – 81

MENEZES, Albino de – 56

MERRICK, David – 32

MERRICK, Lucas – 33

MESQUITA, Carlos de – 82

MILTON, John – 31, 135, 151, 168

MÍNIMO, João – 81

MOISÉS, Carlos Filipe – 147

MONTALVÃO, Justino de – 82

MONTALVOR, Luís de – 9, 20, 26-27, 89-90, 250

MONTEIRO, Adolfo Casais – 15, 50, 97, 115, 174, 181, 193, 199, 211, 220, 226, 228, 250

MORA, António – 84, 98-99, 105, 107, 114, 118, 154, 168, 177-179, 235

MORÃO, Paula – 87

MOSCOW, Adolph – 33, 177

MOURÃO, Fernando Carvalho – 56

N

NASCIMENTO, João Cabral do – 56

NAVARRO, António de – 19

NEGREIROS, José de Almada – 15--23, 28, 59, 64, 79, 87, 89-94, 104, 126, 128, 138-139, 175, 178, 194, 198, 234, 239, 246--247, 250

NEMÉSIO, Vitorino – 87

NIETZSCHE, Friedrich – 123, 150, 196

NOBRE, António – 27, 82, 128

NOGUEIRA, Luís António – 243

NOGUEIRA, Maria Madalena – 243

O

OLIVEIRA, António Correia de – 54

OLIVEIRA, Manoel de – 19

OSSIAN – 81

P

PACHECO, José – 20, 139, 249

PACHECO, José Coelho – 20

PAIS, Sidónio – 137-138, 143, 205, 210, 247

PANCRÁCIO, Dr. – 244

PANTALEÃO – 33, 245

PARMÊNIDES – 102

PARREIRA, Carlos – 56

PASCOAES, Teixeira de – 17, 27, 39-45, 69, 77-78, 98, 136-137, 195, 245

PASSOS, Soares de – 147-148

PAZ, Octavio – 20, 198

PEREIRA, José Carlos Seabra – 16

PERRONE-MOISÉS, Leyla – 238

PESSANHA, Camilo – 26-27, 82, 88-89

PESSOA, Joaquim – 243

PÍNDARO – 169

PINTO, Álvaro – 41, 44, 67

PINTO, Sousa – 42

PINTOR, Santa Rita – 16, 20, 63

POE, Edgar Allan – 196

POUND, Ezra – 13, 81

PULIDO, Garcia – 56

Q

QUADROS, António – 205

QUARESMA, Abílio – 179, 182-185, 236

QUEIRÓS, Eça de – 81

QUEIRÓS, Ofélia – 157, 169, 247, 249

QUENTAL, Antero de – 81, 250

R

RAMALHO, Américo da Costa – 151

REGARDIE, Israel – 187

RÉGIO, José – 15, 17, 125

REIS, Carlos – 16

REIS, Jaime Batalha – 81

REIS, Ricardo – 20, 29, 51, 75, 80, 84, 97, 100-101, 106, 114, 117-123, 129, 144, 153, 155, 180, 191, 198, 201, 219, 221-225, 229-230, 234-235, 237, 248

REIS, Vasco – 207

RIBEIRO, Bernardim – 82, 136

RIBEIRO, Nuno – 34

RIMBAUD, Arthur – 80, 199

ROCHA, Adolfo – 192

ROSA, Henrique – 153, 245, 248

ROSA, João Maria Nogueira – 247

ROSA, João Miguel – 247

ROSA, Jorge – 35, 47, 239

ROSA, Luís Miguel – 247

ROSENCREUTZ, Christian – 176

ROWLEY, Thomas – 81

ÍNDICE ONOMÁSTICO

S

SAA, Mário – 19, 249
SÁ-CARNEIRO, Mário de – 15-17, 19-20, 23, 28, 40-41, 45-46, 53--59, 63-64, 72, 77, 82-83, 87-94, 98, 112, 128, 130, 153, 164
SAINT-SIMON – 238
SALAZAR, António de Oliveira – 141, 144, 210-211
SAMPAIO, Albino Forjaz de – 89
SARAMAGO, José – 51
SCHLEGEL, Friedrich – 80
SEABRA, Dionísia de – 243, 245
SEABRA, José Augusto – 91
SEARCH, Alexander – 32-36, 115, 130, 135, 177, 217, 245
SEARCH, Charles James – 33, 245
SEBASTIÃO, D. – 56, 138, 143, 160, 205, 210, 213-215
SENA, Jorge de – 51, 210, 238-239
SETTIMELLI, Emilio – 93
SEUL, Jean – 33, 245
SHAKESPEARE, William – 31-33, 36--37, 82, 175, 179, 209, 212, 241
SHELLEY, Percy Bysshe – 31, 84, 151, 197
SILVA, Agostinho da – 214
SILVA, Vieira da – 88
SILVA, Vítor Aguiar e – 20, 53
SIMÕES, João Gaspar – 9, 15, 43, 106, 133, 160, 172, 174, 180, 194, 200, 217, 221, 226-230, 250
SOARES, Bernardo – 84, 133, 156--163, 177, 179-180, 185, 212, 219-220, 225, 230, 235-236, 249
SOUZA, Cláudia – 34
SOUZA-CARDOSO, Amadeo de – 16, 20, 22, 87, 126

T

TAINE, Hippolyte – 64
TAMEN, Miguel – 160
TAVARES, João Silva – 56
TEIVE, Barão de – 177-180, 236, 249
TEIXEIRA, Fausto Guedes – 42
TEIXEIRA, Judite – 138, 140, 248
TERLINDEN, Anne – 131
TIA ANICA – 169, 173, 246
TIO PORCO – 181-183
TORGA, Miguel – 192
TORIELLO, Fernanda – 54
TZARA, Tristan – 20

U

UNAMUNO, Miguel de – 89

V

VALÉRY, Paul – 81
VAZ, Ruy – 153, 248
VERDE, Cesário – 29, 79, 82, 128
VERLAINE, Paul – 27-28
VIANA, Eduardo – 17, 20
VIEIRA, Afonso Lopes – 42
VIEIRA, Joaquim – 136
VIEIRA, Padre Antônio – 204
VIRGÍLIO – 210

W

WHITMAN, Walt – 25-26, 78, 84, 126, 219, 237
WILDE, Oscar – 51, 57
WILKINSON, Thomas – 112
WOOLF, Virginia – 53
Wordsworth, William – 31, 112, 197

Z

ZAGORIANSKY, P. I. – 57
ZENITH, Richard – 136, 180

Título	*Introdução ao Estudo de Fernando Pessoa*
Autor	Fernando Cabral Martins
Editor	Plinio Martins Filho
Produção editorial	Aline Sato
Capa	Manuscrito do poema "Deixo ao Cego e ao Surdo", de Fernando Pessoa (imagem)
	Camyle Cosentino (projeto)
Revisão	Ateliê Editorial
Editoração eletrônica	Camyle Cosentino
Formato	14 x 21 cm
Tipologia	Minion Pro
Papel	Chambril Avena 80 g/m^2 (miolo)
	Cartão Supremo 250 g/m^2 (capa)
Número de páginas	264
Impressão e acabamento	Graphium